新法則化シリーズ

# 「理科」授業の新法則

## 3・4年生編

企画・総監修

**向山洋一**

編集・執筆

TOSS「理科」授業の新法則 編集・執筆委員会

学芸みらい社
GAKUGEI
MIRAISHA

巻　頭　言

# 「新法則化シリーズ」刊行にあたって

日本教育技術学会会長　TOSS 代表

向山洋一

1984 年「教育技術の法則化運動」が立ち上がり、日本の教育界に「衝撃」を与えた。「法則化」の本は次々と出され、ベストセラーになっていった。向山著はいずれも万を超える売り上げを記録した。教育雑誌も 6 誌が創刊された。そして 20 年の時が流れ、法則化から TOSS になった。

誕生の時に掲げた 4 つの理念は TOSS になった今でも変わらない。

1　教育技術はさまざまである。出来るだけ多くの方法を取り上げる。（多様性の原則）

2　完成された教育技術は存在しない。常に検討・修正の対象とされる。（連続性の原則）

3　主張は教材・発問・指示・留意点・結果を明示した記録を根拠とする。（実証性の原則）

4　多くの技術から、自分の学級に適した方法を選択するのは教師自身である。（主体性の原則）

そして十余年。TOSS は「スキルシェア」の SS に加え、「システムシェア」の SS の教育へ方向を定めた。これまでの 30 年の歩みは、はっきりと足跡を残し、書籍、雑誌は、数えきれない。常に教師の技量向上を目指し、またその時々の教育界のテーマをとらえ課題提起してきた。理念通りに歩んできたから多くの知の財産が残ったのである。

今年度、TOSS は新しく大きな一歩をふみ出した。新しい地を切り開いた。

第一は、新法則化シリーズ（全教科）の発刊である。

第二は、毎月 1000 円程度の会費で利用できる「TOSS メディア」の発進である。

これまでの蓄積された情報を TOSS の精鋭たちによって、2015 年発刊されたのが「新法則化シリーズ」である。

教科ごと、学年ごとに編集されている。日々の授業に役立ち、今の時代に求められる教師の仕事の仕方や情報が満載である。ビジュアルにこだわり、読みやすい。一人でも多くの教師の手元に届き、目の前の子ども達が生き生きと学習する授業づくりを期待している。TOSS メディアと共に教育界を大きく前進させるだろう。

教育は不易流行である。30 年の歩みに留まることなく、新しい時代への挑戦である。教師が学び続けることが、日本の教育を支え、前進させることである。

授業は流転することを求める。授業の変化の中に存在する。教師の教授活動と児童の学習活動の往復運動こそが授業である。

教師は、教師の教授活動と児童の学習活動の向上を永久《とこしえ》に求め続ける。

# まえがき

30年前の1984年、向山洋一氏の呼びかけで教育技術の法則化運動が始まった。発問・指示が明確で追試できる法則化論文に多くの教師が取り組んだ。私も、たくさんの応募論文を抱えて合宿に参加した。

何万本もの応募論文から厳選されたものが、明治図書から法則化シリーズとして刊行された。全12期、総数127冊となった。

その後、何度も学習指導要領、教科書が変わった。初期の法則化シリーズを知らない世代が次々と教壇に立つ時代となった。

一方で、理科指導のノウハウをもった教師が退職していく中で、授業や観察実験のコツが若手に受け継がれていない現状がある。小学校教師の理科に対する苦手意識も問題になっている。そのような今こそ、新しい教科書に対応した、読んで追試できる新シリーズが求められている。本書はそれに応えるべく、次の特徴を備えている。

①オールカラーで見やすい。

②写真やイラストが豊富。(総数約800点)

③よくある失敗に対する解決策を中心に構成。

④見開き2ページでまとまり、パッと見てわかる。

⑤タイトル欄で要旨がわかる。

⑥授業で押さえるべきポイントを明確に示してある。

⑦メインの発問・指示、児童の反応、ノート例を載せてある。

⑧理科を初めて教える先生に配慮した本文。

⑨経験を重ねた先生に役立つ情報をプラスαに。

⑩デジタル版をWebで公開。使える資料やホームページをリンク。

これらを実現するために、本文や写真をチームで検討し、何度も何度も書き直した。わかりやすさを追求した。若い先生にもベテランの先生にも手にとっていただき、子どもたちが夢中になる理科授業の実現に役立つことを願っている。

2015年4月　新法則化シリーズ　理科

小森栄治

## 3年生編

### 0　理科の授業を始める前に



### 1　身近な自然の観察



### 2　植物の育ちとつくり



### 3　チョウの育ちとからだのつくり



### 4　昆虫の育ちとからだのつくり

## 4年生編

## 6 とじこめた空気と水



## 7 ものの温度と体積



## 8 水のすがたとゆくえ



## 9 ものの温まり方



DIGITAL のマークがある箇所は、学芸みらい社のホームページからリンクしてあり、Web で詳しい情報を得たり、画像や表などのデジタルデータをダウンロードできます。

# 3年生編

# 3年生の生物教材の準備

**ねらい**

観察場所や植物、昆虫を確保する。

**よくある失敗**

授業の直前にないことに気づきあわてる。

**コツ**

年度当初に引き継ぎをして確認する。

## 1　自然観察のための場所の引き継ぎ

学校の周辺にビオトープや河川敷などの観察ポイントがある場合、前年度の担当者からの引き継ぎ事項をメモする。

- いつ、どこで、何（植物や動物）が観察できるか
- 危険な場所や注意すべきことは何か

**POINT! 引き継ぎ事項は教師用の教科書に書き込む**

児童と観察に出かける前に、経験者と一緒に下見に行き、注意事項や観察対象を書き込んだり、メモを貼り付けたりしておく。

下見のようすをデジタルカメラで記録しておけば、事前指導でも活用できる。

それらの情報を次年度に引き継げるようにしておく。

## 2　校内に自然観察のための場所を確保

学校周辺に観察ポイントがない場合、校庭の一角を囲って野草園、自然観察園などの看板を立て、草を残す。

**POINT! 大きな石をおくと虫のすみかになる**

野草園を作るのが無理な場合は、野草用のプランターを理科室の窓際またはベランダにおく。種をまかなくても、土に混ざっていた種や風で飛んできた種が発芽して成長する。

## 3　昆虫のための食草の栽培

### 秋に次年度の春の準備をする

モンシロチョウの食草であるキャベツは、前年の秋に苗を植える必要がある。

アゲハはミカン科の植物、キアゲハはパセリやニンジン、ヤマトシジミはカタバミが食草なので植えておくと観察に使える。

学校周辺の畑で栽培している方と連携ができるようなら、連絡先等を教師用教科書に貼り次年度に引き継ぐようにする。

## 4　栽培計画の例

### 学校の年間計画に栽培計画を入れる

毎年必要な植物が決まっている。「だれが（どの学年）」、「いつ」、「何を」、「どこに」準備するかを決めて明記しておく。

| 【学級園】 | 【学校の畑】 | 【野草園】 |
| --- | --- | --- |
| ●４月下旬<br>ホウセンカ、ヒマワリの種まき<br>（植物の育ち方の観察）<br>※３年生がまく。<br>※ホウセンカは６年生が「水の通り道」の観察で使う。<br>●５月中旬<br>アサガオの種まき<br>（受粉と結実の観察）<br>※５年生がまく。<br>※生活科のは鉢で個人栽培。 | ●４月<br>元肥を入れて準備。<br>※４年担当職員<br>ヘチマの種まき<br>（植物の育ち方の観察）<br>※４年生がポットにまく。<br>●11月上旬<br>キャベツの苗植え<br>（身近な自然の観察）<br>※２年生が植える。<br>※連作を避け、間を２年開ける。 | ●随時<br>（身近な自然の観察）<br>※タンポポ、ナズナなど観察させたい植物を移植して毎年見られるようにしておく。<br>※オナモミの実を秋にこぼしておいて観察できるようにしておく。<br>※３年担当職員が手入れをする。 |

（上木朋子）

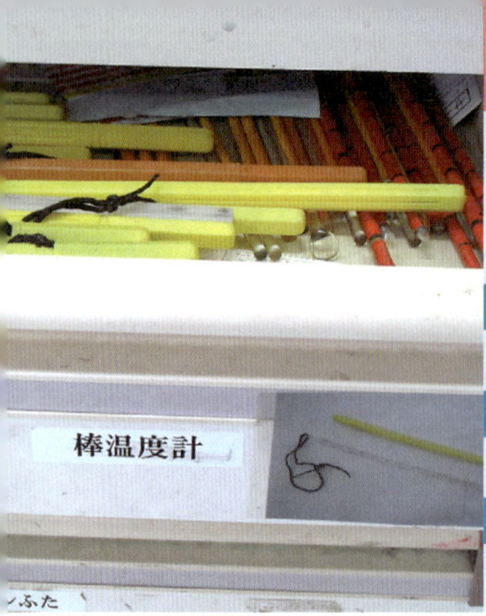


**0　理科の授業を始める前に**

# 3年生の器具準備

**ねらい**

十分にものに触れさせる。

**よくある失敗**

器具が足らず、交代で使う待ち時間が長い。

**コツ**

一人に１つずつ器具を準備する。

## 1　虫めがねとミニ図鑑

・学校の備品として用意する場合

学年全員の人数分、購入する。(他のクラスと授業が重なっても使えるように)

・個人持ちで買う場合

６年生まで使うものとして引き継ぎをする。

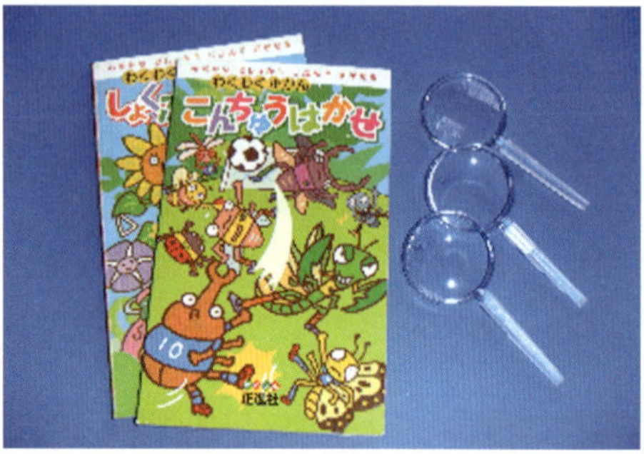

虫めがねとミニ図鑑

**POINT! 教室に虫めがねとミニ図鑑を常備する**

３年生では、「身近な自然観察」「植物の育ち方」「昆虫の育ち方」「光の性質」で虫めがねを使う。休み時間にも世話をしたり観察をしたりする際に、使うことがある。常時、教室に虫めがねとミニ図鑑がある方がよい。

他学年も同じような時期に、生き物の観察を行う。学校で準備する場合、複数の学年で常に使える数を用意する。

## 2　遮光板、鏡

頻繁に使うものではないので、１クラスの人数分を学校で準備する。

他のクラスや学年との授業の重なりに注意する。

**POINT! 遮光板は他学年との授業の重なりに気をつける**

遮光板は６年「月と太陽」で、鏡は４年「電気のはたらき」で使用する。同じ学年だけでなく、他学年の学習の進度も情報交換する必要がある。

## 3　豆電球セット、磁石セット（方位磁針）

豆電球や磁石は教材セットを個人持ちにする。

授業後にも、児童が自由に工夫して使える。

**個人持ちであきるまでものに触れさせる**

磁石セットに入っている方位磁針は、「太陽の動きと地面のようす」でも使用する。使用の時期を考えて早目に準備する。

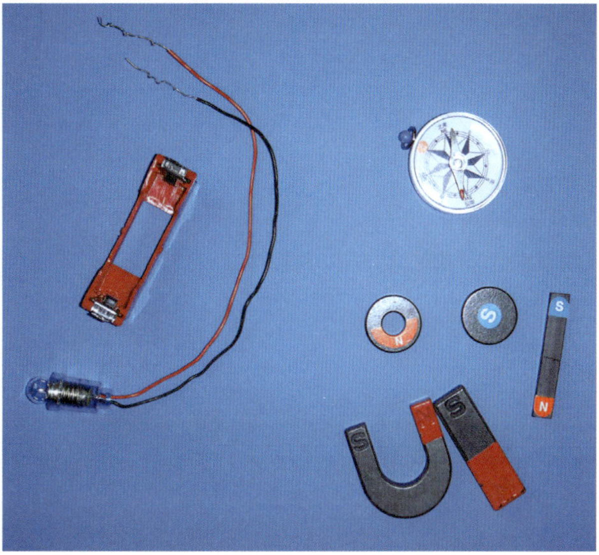

豆電球セットと磁石セット

### 理科室の器具は単元ごとにセットする

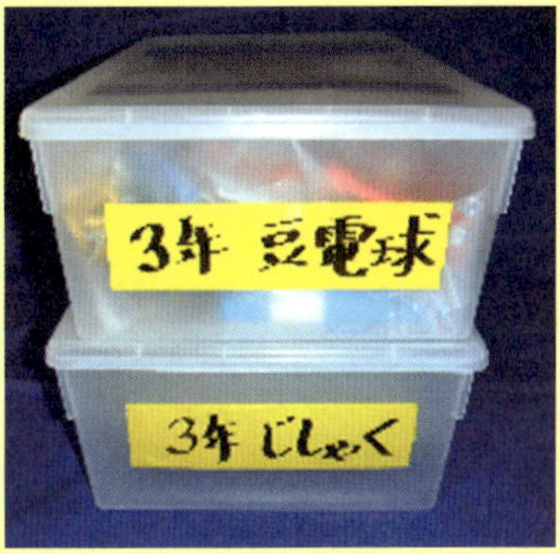


準備や後始末が短時間で簡単にできるよう、理科室に単元ごとにセットしておく。

複数の単元で同じものを使うなら、それぞれのボックスに必要な数をそろえておく。

たとえば、豆電球と磁石のどちらのボックスにもアルミニウム箔を入れておく。

このような準備システムを全校で維持すると、授業前の準備がスムーズにできる。

（上木朋子）

**0　理科の授業を始める前に**

# 起こりやすい事故例とその対策

**ねらい**

安全に観察・実験をさせる。

**よくある失敗**

けがをしたり、器物を破損したりする。

**コツ**

観察・実験中に起こりやすい事故を知っておく。

## 1　野外観察での事故

ハチに刺されたり、植物のトゲが刺さったりする。転んでけがをする。

キイロスズメバチ

①長袖、長ズボン、すべりにくい靴を着用させる。

②救急セット、携帯電話、水を持っていく。

③むやみに昆虫や植物をとらせない。

④事前に観察場所の危険箇所を確認する。

⑤下のような、危険な生物を児童に教え、触らせない。

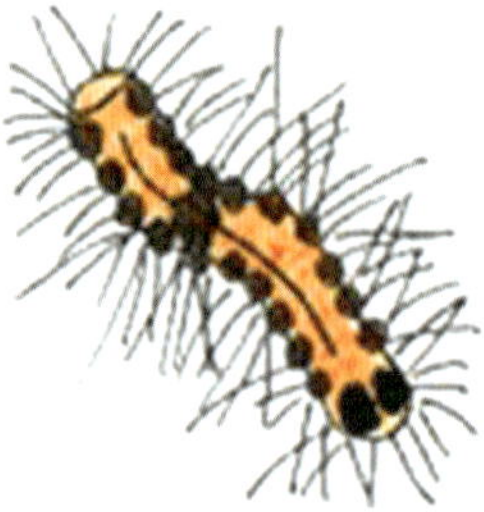

チャドクガの幼虫

ヤマウルシ

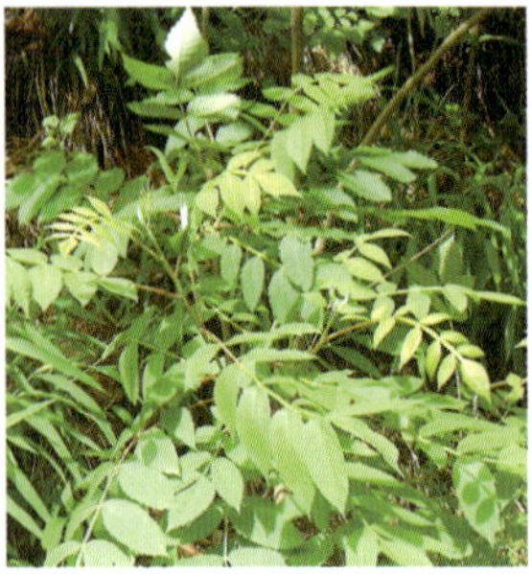

ヌルデ

## 2　虫めがねを使うときの事故

虫めがねで直接太陽を見て目を痛める。むやみに日光を集め、火災や火傷を起こす。

①危険性を伝え、正しい使い方を指導する。
②いたずらでものを焦がしたりしないよう注意する。
③日の当たるところに保管しない。

太陽を見てはいけない

## 3　明かりをつけるときの事故

ショート回路（導線だけを乾電池につないだ回路）で導線が熱くなる。

アルカリ乾電池や充電池は大電流が流れるので、ショートさせてはいけない。

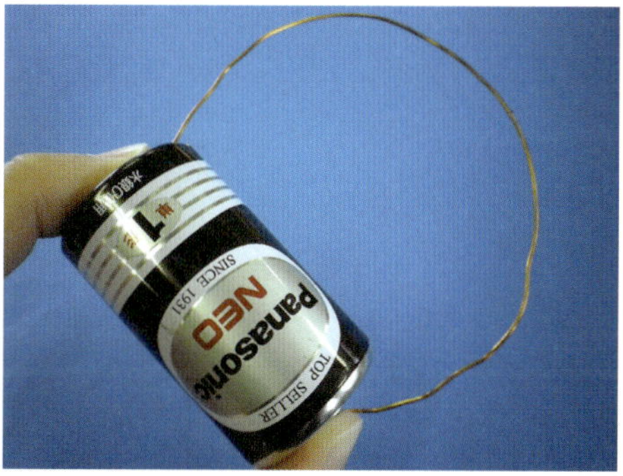


ショートさせると熱くなる

## 4　温度計を使うときの事故

土を掘ったり、机から落としたりして温度計を割ってしまう。

①土は移植ごてで掘る。
②使い終わったら、ケースに入れる。
③ケースのふたがゆるくて、中の温度計が落ちることがあるので注意する。

土を温度計で掘らない

（岡本雄太郎）

# 1　身近な自然の観察

## 生き物のようすを調べる

**ねらい**

自然に興味をもって観察させる。

**よくある失敗**

道具がなく遊んでしまう児童が出る。

**コツ**

図鑑と虫めがねを全員に用意する。

### 1　観察のためにそろえておきたいもの

①ノート　観察カードの場合は探検バックに挟ませる。

②虫めがね

③虫かご　班に１つ以上用意。プラスチックカップに穴を開けたものでも代用できる。

④虫捕り網　班に１つ以上用意。飛んだり跳ねたりする虫をとるのに必要。

⑤図鑑（植物、昆虫）

虫めがねを一人ずつ持たせる

#### POINT! 図鑑と虫めがねは一人ずつ持たせる

図鑑と虫めがねは、児童数分用意する。学校に備えておくだけでなく、可能なら個人持ちにするとよい。

家庭で使ったり、夏休みの自由研究などでも活用できる。

図鑑は薄くポケットサイズのものが携帯しやすい。

図鑑を一人ずつ持たせる

写真は『わくわくずかん　しょくぶつはかせ』と『わくわくずかん　こんちゅうはかせ』（正進社）。

遊び方や名前の由来などもあり、児童が興味をもちやすい。

『わくわくずかん』

## 2　ルールを事前に確認する

①必要以上に植物や昆虫をとったり、傷つけたりしない。
②班でまとまって移動する。
③教師の指示がはっきり聞こえる範囲内で観察する。

## 3　観察ルートと目標を示す

①危険な植物や有害な昆虫について下見で教師が確認しておき、観察ルートからはずしておく。
②観察するルートをあらかじめ伝えておく。
【例】運動場周辺→校門付近→中庭→教室
③「植物・昆虫をそれぞれ５つ以上見つける」など、具体的に目標を示す。

### ＋α　ミニ生け花

プラスチックカップに生け花用スポンジ（オアシス）を入れ、水をたっぷりとしみこませておく。野外観察で採取してきた植物の茎を斜めに切り戻してオアシスにさすと、長時間展示観察できる、ミニ活け花となる。

作品カードに氏名のほか、植物名、感想を記入させる。四季を通じて行うとさまざまな植物の特徴がわかるようになる。

（永井貴憲）

1 身近な自然の観察

# 見つけた生き物を記録する

**ねらい**

観察の３つの視点を理解させる。

**よくある失敗**

授業時間内に記録が書き終わらない。

**コツ**

書く順番を指定し、途中でチェックする。

## 1　観察カードに必要な３つの項目

自然観察をする際に、「観察しなさい」と指示するだけでは、児童はどのようにすればよいのかがわからない。そこで、観察の視点を具体的に示す。

自然観察の視点は、「色」「形」「大きさ」の３つである。この３つの視点は、植物や昆虫の観察でくり返し活用していく。

## 2　観察カードの使い方

指示　観察するものの色、形、大きさを書いたら、先生に見せなさい。

### 観察カードを途中でチェックする

観察する際には、最初に色、形、大きさを記録させる。３点を書いた児童から教師に持って来させ、書けていたらカードのチェック欄に○をつける。色、形、大きさを記録した児童から、スケッチを行い、気づいたことを書かせる。早く終わった児童には色塗りをさせると、個人差に対応できる。

授業の終わりにカードを集め、カード全体の評定（A、B、C）を書き込む。

# 見つけたよカード

カード全体の評定（A、B、C）を書き込む。

3年　　組　　名前（　　　　　　　　　　　　）

月　　日（　　）　　天気（　　　　　）

| 調べた生き物の名前 | | |
|---|---|---|
| 色 | | |
| 形 | | |
| 大きさ | | |

右側の□には、チェックの○を書き込む。

見つけた場所（　　　　　　　　　　）

1　形に注意して絵をかく。　2　とくちょうをことばでかく。　3　色をぬる。

（山田 淳）

1 身近な自然の観察

# 虫めがねを使って観察する

**ねらい**

虫めがねの使い方を理解させる。

**よくある失敗**

観察物による虫めがねの使いわけができない。

**コツ**

観察方法は２種類あることを理解させる。

## 1　一人に１つずつ虫めがねを準備する

直径４〜６cmの虫めがねを準備する。直径が大きいほど視野が広く観察しやすい。

虫めがねを一人に１つ準備

## 2　虫めがねの使い方を指導する

### ２種類の観察方法を区別させる

虫めがねは、「手で動かせるもの」と「手で動かせないもの」を見るときで使い方がちがう。

A　動かせるものを見るとき

①虫めがねを目に近づけておく。

②手で持った観察物を、虫めがねに近づけたり、遠ざけたりして、はっきり見えるところで止める。

動かせるものを見るとき

B　動かせないものを見るとき
①虫めがねを目に近づけておく。
②体ごと近づけたり遠ざけたりして、見るものがはっきり見えるところで止める。
（教科書によっては、「虫めがねを動かしてはっきり見えるところで止める」としている場合もある。）

動かせないものを見るとき

初めて虫めがねを使うときは、教室で使い方を練習する。一人に１つずつ虫めがねを持たせ、「手で動かせるもの」として消しゴムや鉛筆などを観察させる。虫めがねを目の前で動かないように固定して文字やマークを観察させる。「手で動かせないもの」として自分の机の表面や教室の掲示物を観察させる。

## 3　安全面の注意点

屋外での観察の前に、「虫めがねで太陽を見ることは絶対にしてはいけない」と注意する。
「太陽の光はとても強く、虫めがねのレンズを通して直接目に入ると目を痛めてしまう」「最悪の場合は失明する場合もある」ことを児童に話し、絶対にしてはいけないと念押しする。

### +α《プラスアルファ》 デジタルカメラで拡大接写をする

デジタルカメラのレンズの前に虫めがねやルーペを当てると、簡単に拡大写真がとれる。
植物の花の内部や昆虫などの拡大接写に使える。

（山田 淳）

1　身近な自然の観察

# 生き物をつかまえて観察する

### ねらい

生き物のからだの特徴をつかませる。

### よくある失敗

児童が虫を触るのを怖がり、観察できない。

### コツ

ポリ袋、透明カップを使って観察させる。

## 1　虫を触らずにつかまえる

ペットボトルの上部を切り取ったものにポリ袋を輪ゴムでしばりつけ、簡単な虫をつかまえる道具とする。

虫を見つけたらペットボトルの部分をかぶせるようにしてつかまえる。

虫にかぶせるだけなので、直接触らずにつかまえることができる。虫が苦手な児童の虫に対する抵抗感を軽減することができる。

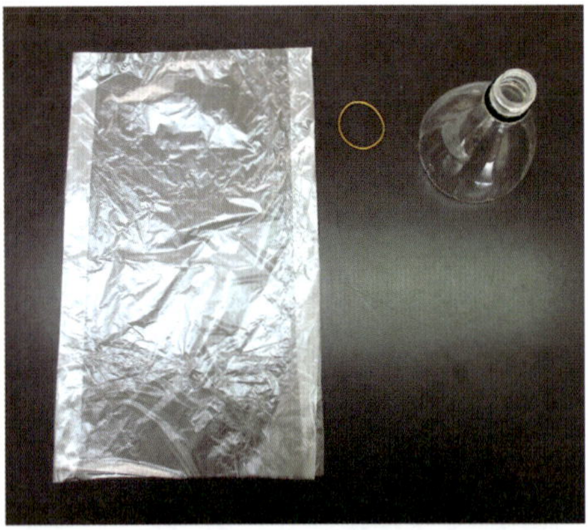

大きな虫の場合は、ペットボトルの上部を切り取った下の部分、あるいは使い捨てのプラスチックコップを虫の上からかぶせる。

下敷きや厚紙を差し込んで閉じ込めて、観察したり袋に移したりする。

ペットボトルの上部に袋をつける

## 2　透明カップに入れて観察する

ふた付透明カップ

つかまえた虫は透明カップに入れて観察する。透明カップに入れる虫は1匹にする。

透明カップは、ホームセンターなどで入手できる。直径8cmから12cm程度までさまざまな大きさのものが売られている。

透明カップに入れることで、観察中に虫が逃げてしまうことがなくなる。

また、カップを持ち上げて横にしたり逆さにしたりして、さまざまな角度から中の虫を観察することができる。

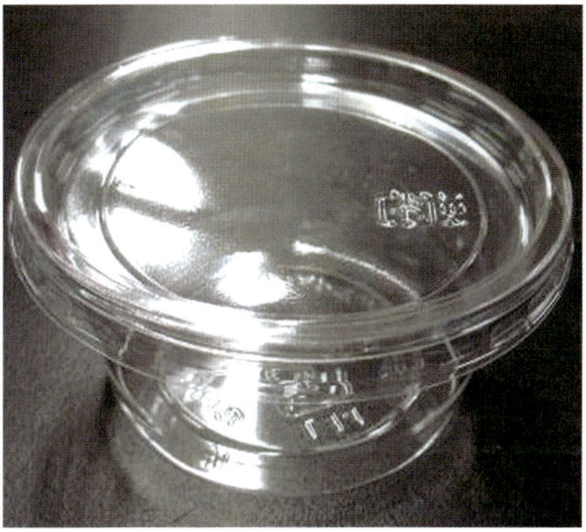

### 3つの視点で観察する

観察の際には、「色」「形」「大きさ」を記録させる。児童に虫めがねを使用させると、体のつくりに興味をもたせることができる。

## 3　観察が終わったら

空気穴をあけておくと1日程度は飼育が可能であるが、エサなしなので長期の飼育はできない。観察が終わったら、もとの場所に放すか、大きな飼育用ケースに入れてエサを与えて育てるようにする。

（山田 淳）

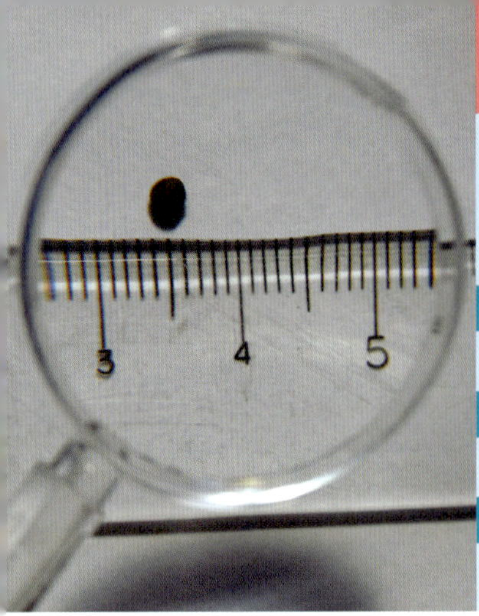




# 種を観察する

**ねらい**

種を観察して気づいたことを記録させる。

**よくある失敗**

観察で何を書いてよいのかわからない。

**コツ**

ヒントを示し、記録の数を競わせると熱中する。

## 1　種を観察して気づいたことをノートに書かせる

> **指示**　種を観察して、わかったこと、気づいたこと、思ったこと、何でもよいので、箇条書きでノートに書きなさい。

### 最低限書くべき数と上級レベルを示す

「３個書けたら３年生、５個書けたら５年生レベルです」と目標を示すと、クラス全体が熱中して観察に取り組む。

## 2　観察のヒントを出してさらにたくさん書かせる

> **指示**　定規を使って大きさを測ったり、虫めがねで見つけたりしたことも書きなさい。

　机間巡視をして、「さとしさんは、『黒くて丸いので虫の糞みたい』と書いています。このように、何かに例える書き方もありますね」などと、書き方の例を示す。また、「えりさんは10個書けています」のように全体に伝えることで、意欲を高められる。

## 児童のノートの例

番号をつけて箇条書きにする。
※こじつけでも書いたことをすべてほめる。
ホウセンカの種の観察で、30個書いた子がいた。

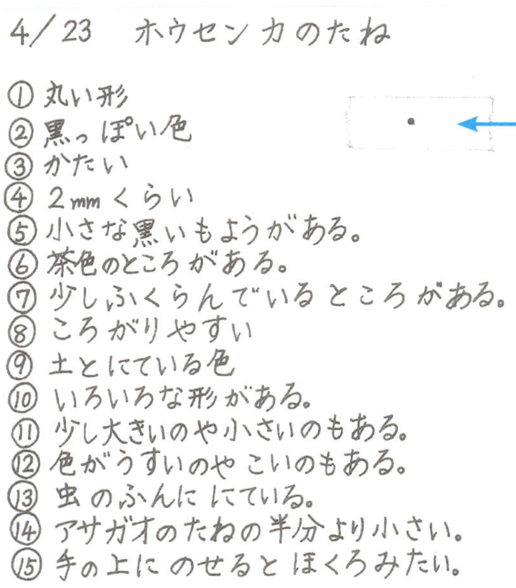
4/23 ホウセンカのたね
① 丸い形
② 黒っぽい色
③ かたい
④ 2mmくらい
⑤ 小さな黒いもようがある。
⑥ 茶色のところがある。
⑦ 少しふくらんでいるところがある。
⑧ ころがりやすい
⑨ 土とにている色
⑩ いろいろな形がある。
⑪ 少し大きいのや小さいのもある。
⑫ 色がうすいのやこいのもある。
⑬ 虫のふんににている。
⑭ アサガオのたねの半分より小さい。
⑮ 手の上にのせるとほくろみたい。

本物の種をセロハンテープで貼り付ける。
※いつも絵を描かなくてもよい。

### 飛ぶ種の模型を作る

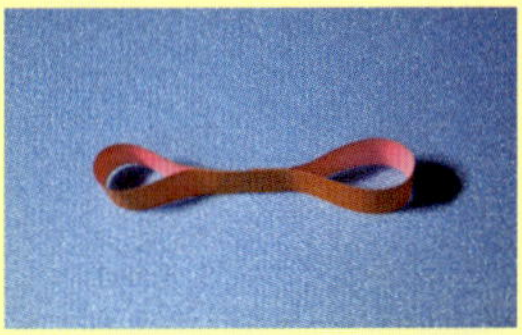

**ニワウルシの種の模型**

10cm×1.5cmに切った折り紙の中心に糊をつけて写真のように両端を貼り付ける。

投げ上げるとくるくる回って落ちる。

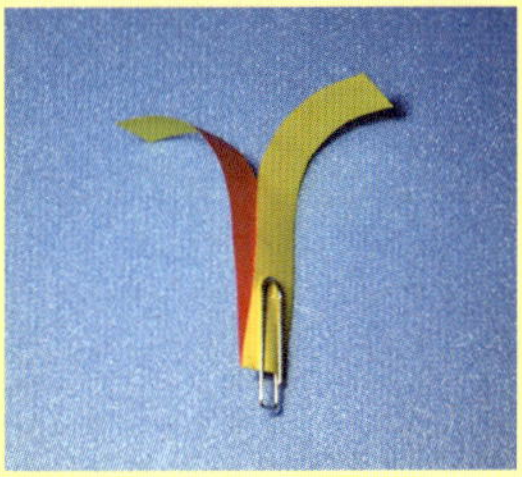

**ラワンの種の模型**

10cm×1.5cmに切った折り紙をV字に折り曲げ、クリップをはさむ。両端を丸めて投げ上げると、プロペラのように回って落ちる。

TOSSランド No.4475551「生活科ものづくりシリーズ」

（上木朋子）

2　植物の育ちとつくり

# 植物のからだのつくりを調べる

**ねらい**

植物の根、茎、葉を観察させる。

**よくある失敗**

スケッチに時間がかかりすぎる。

**コツ**

葉は１枚だけ描かせて、多く観察させる。

## 1　根を洗う観察の演示

発問　土からの高さが 10cm に育ったホウセンカの根の長さはどれだけですか。
ア　10cm より短い　　イ　10cm くらい
ウ　10cm よりも長い

全員を集めて、水槽の中で根を洗って見せる。この時、ゆっくりと持ち上げていくと、水の上に現れる根の長さに歓声が上がる。

## 2　野草で植物のからだのつくりを観察する

指示　野草を根から引き抜いて観察します。葉とその他の部分に分けて絵を描きます。葉は１枚だけ描きます。

### 野草でさまざまな「葉・茎・根」を観察する

野草は、引き抜いたり葉を取り除いたりするのに容易に数を確保できる。

種類の違う野草をいくつか観察させると、「葉・茎・根」を何度もくり返し学ぶことができ、種類によって形が違うこともわかる。

葉を取り除くことで茎がよくわかる。

葉は1枚だけスケッチさせることで、時間を短縮することができる。

観察した草を交換させると、効率よくたくさんの草の観察を行うことができる。

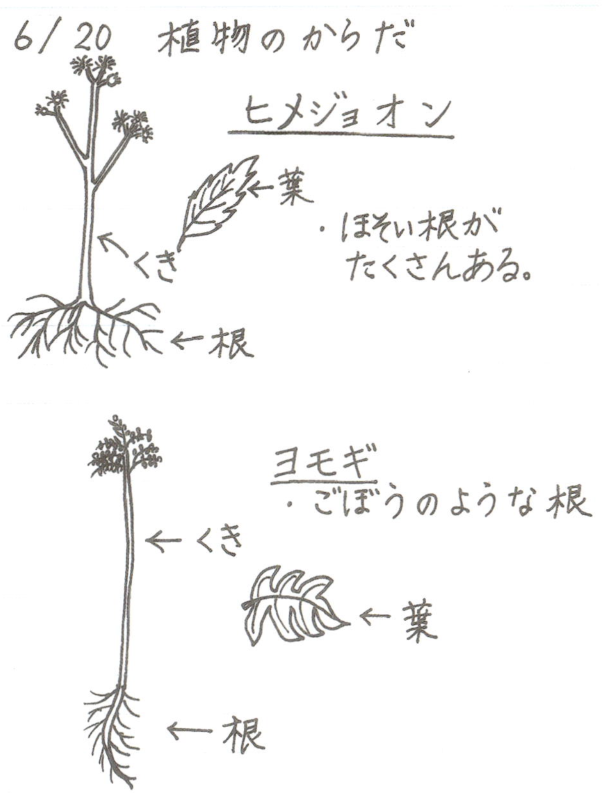


児童のノートの例

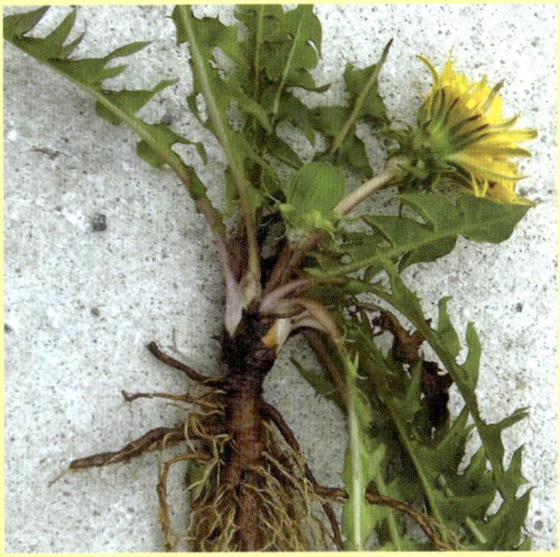

## タンポポの茎はどこに？

タンポポの花がついている茎のようなものは、花茎《かけい》といい厳密にいうと花の一部である。葉がついている部分が茎である。

（上木朋子）

2　植物の育ちとつくり

# 花や実のつくりを観察する

**ねらい**

花が咲いてから実ができるまでを観察させる。

**よくある失敗**

花から実・種へのつながりがわからない。

**コツ**

花といろいろな大きさの実を並べて観察させる。

## 1　花のつくりを観察する

各班に花の咲いたホウセンカを用意する。

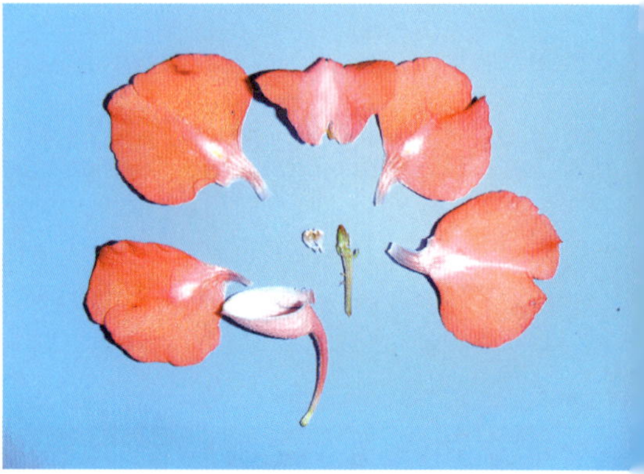

| 指示 | 花を分解します。花はどんな部分からできているか、ノートに記録しなさい。 |
|---|---|

### 班で１つの花を分解させる

花の分解は手間のかかる作業なので、班で協力して行う。

右の写真のように、紙にセロハンテープで貼り付けると掲示できる。セロハンテープを隙間なく貼ると花が長持ちする。

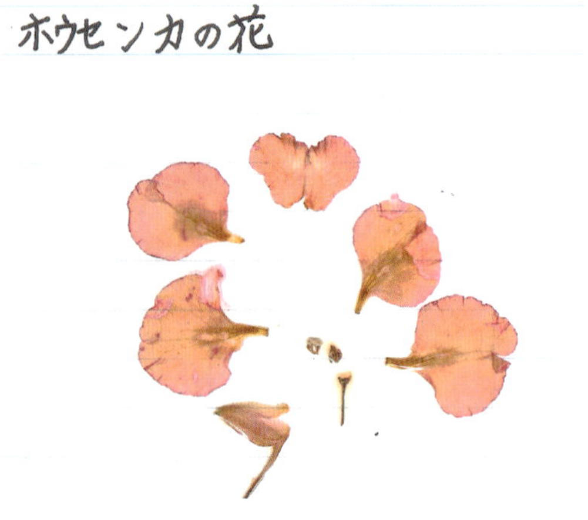

## 2　実のつくりを観察する

指示　いろいろな大きさの実を切り、中がどうなっているかを調べなさい。

### 児童の声

- 実が大きくなると中で種が大きく育っている。
- 実が大きくなると中の種の色が濃くなっている。

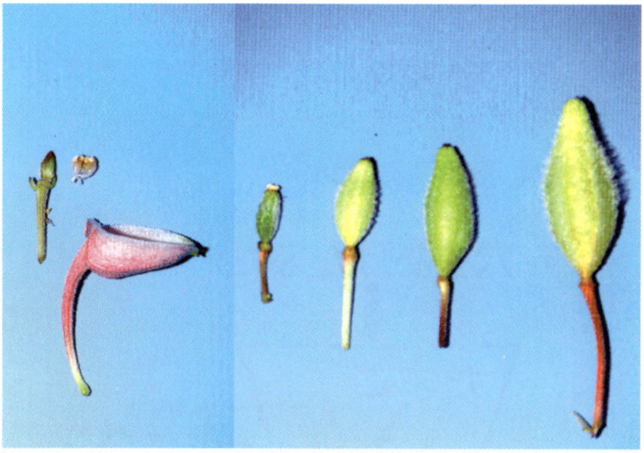

いろいろな大きさのホウセンカの実

いろいろな大きさの実の断面

### 花をスケッチするときのコツ

花を描かせるときには、「１番手前に見えている花びら１枚だけを描きなさい」と指示する。

「描けたら、その隣の花びら、またその隣と１枚ずつ描いていきなさい」と教えれば、実物をじっくり見ながら丁寧にスケッチさせることができる。

（上木朋子）

## 3 チョウの育ちとからだのつくり

# チョウを飼育して観察する

**ねらい**

モンシロチョウを卵から育てて観察させる。

**よくある失敗**

虫が苦手で、幼虫を触ることができない。

**コツ**

触らなくても世話や観察ができる方法を教える。

### 1　幼虫を触らずにエサをかえる

卵は、葉についたまま、ふたつきの透明容器に入れる。

※ふたに穴を開ける。

※ティッシュペーパーをしめらせてキャベツの下にしく。

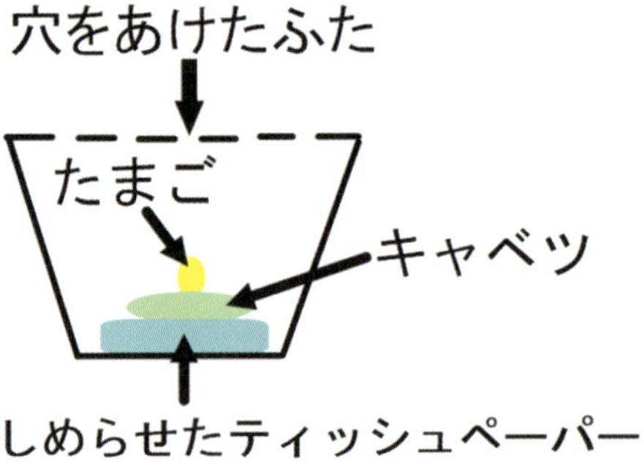


【エサのかえ方】

①キャベツごと幼虫を取り出す。ピンセットを使うとよい。

②汚れた紙を取り出し、容器の汚れを拭きとる。

③新しくしめらせたティッシュペーパーと新しいキャベツを入れる。

④古いキャベツにのせたまま、幼虫を容器に入れる。

⑤幼虫が、新しいキャベツに移動したら、古いキャベツを捨てる。

### 卵や幼虫を触らせない

「卵や幼虫を手で触ると、その卵や幼虫がケガをしたり病気になったりすることがあるので、触ってはいけません。」と教える。

触らせないことで、虫が苦手な子も安心して活動できる。

## 2　容器に幼虫を入れたまま観察させる

指示　定規で大きさをはかったり、虫めがねで細かいところを見たりして、見つけたことや、気がついたこと、思ったことを観察カードに書きなさい。

観察の時にも、「幼虫を触らない」という約束を守らせる。

原則、容器の中に幼虫を入れたまま観察させる。大きさをはかるときなど、容器の中でできないことは、キャベツの葉にのせた幼虫を、ふたの上に置いて観察させる。

### 幼虫をトレーシングペーパーでなぞる

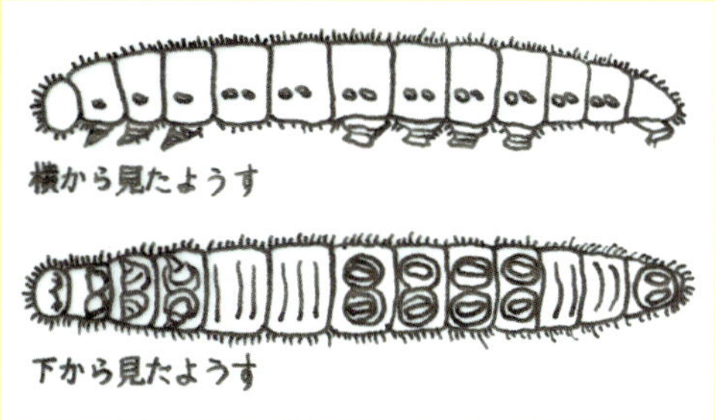


教科書の幼虫の図をトレーシングペーパーでなぞらせると、幼虫のあしの数やふしの数などの特徴をとらえさせることができる。

（尾川智子）

## 3　チョウの育ちとからだのつくり

# チョウの育ち方を調べる

**ねらい**

正しい用語を使って育ち方を説明させる。

**よくある失敗**

「よう虫」「せい虫」という用語が定着しない。

**コツ**

フラッシュカードを使って用語の定着を図る。

## 1　正しい用語を使った観察カード

観察カードに、「アオムシ」ではなく「よう虫」と書かせる。羽化したあとも、「チョウ」ではなく「せい虫」と書かせて、正しい用語を覚えさせる。

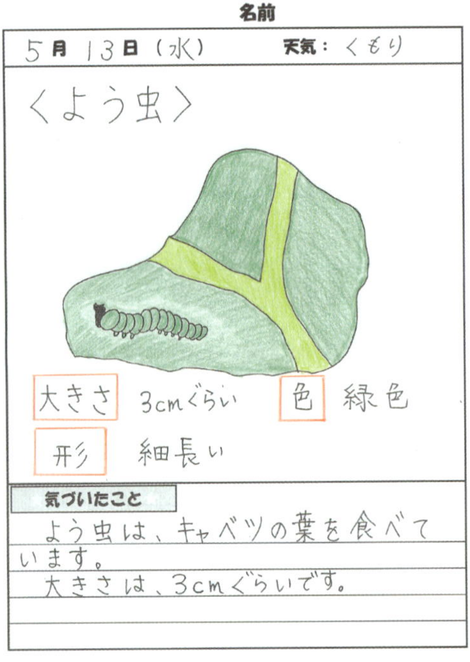
名前
5月 13日（水）　天気：くもり
〈よう虫〉
大きさ　3cmぐらい　色　緑色
形　細長い
気づいたこと
よう虫は、キャベツの葉を食べています。
大きさは、3cmぐらいです。

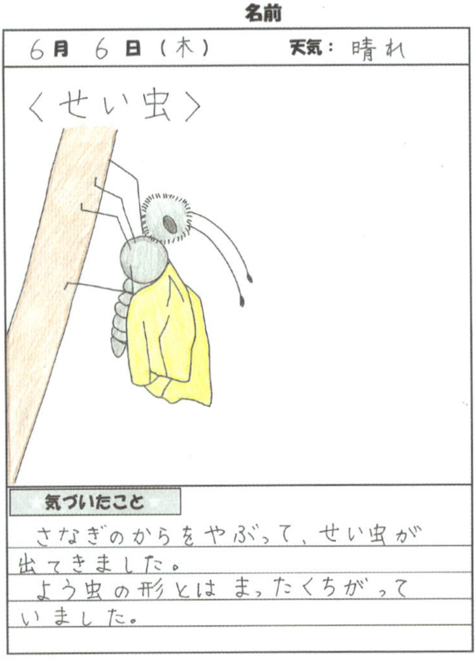
名前
6月 6日（木）　天気：晴れ
〈せい虫〉
気づいたこと
さなぎのからをやぶって、せい虫が出てきました。
よう虫の形とはまったくちがっていました。

## 2　フラッシュカードを活用

授業のはじまり１分で、くり返し用語を言わせる。（タイトル横の写真）

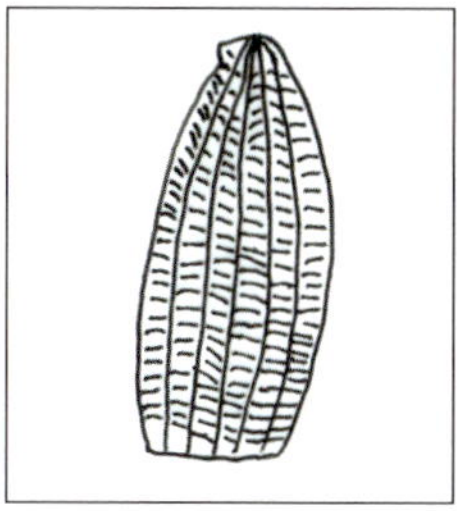

たまご

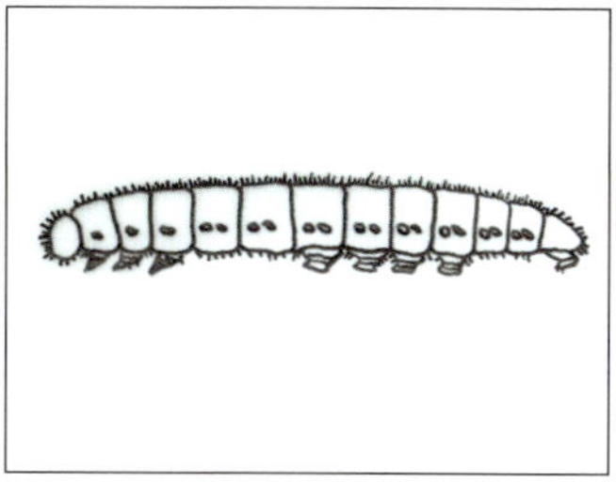

よう虫

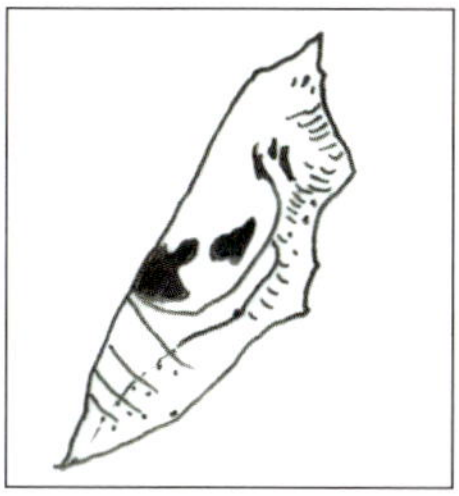

さなぎ

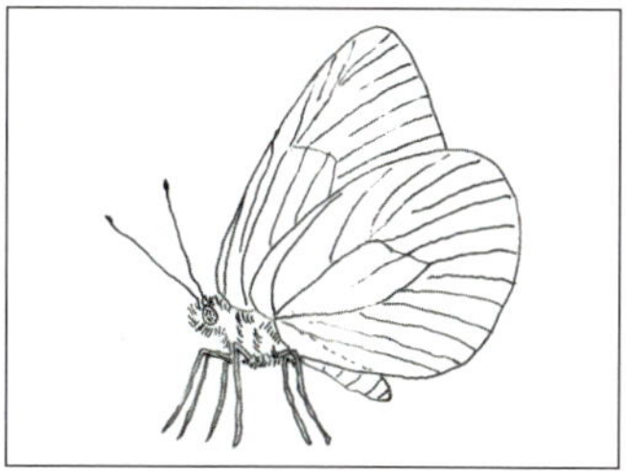

せい虫

フラッシュカードの大きさは、Ａ４サイズかＢ４サイズにする。画用紙より厚いケント紙や板目表紙で作るとよい。

市販のフラッシュカードもある。

※『１分間フラッシュカード』（正進社）

### 短時間のくり返しで定着させる

理科の授業のはじめに、毎時間、フラッシュカードで用語を言わせる。１分間だけ、くり返し行うことで、無理なく用語が定着する。

### ＋α　羽化を見せる

さなぎを画用紙や布に木工用ボンドなどで貼って教室に掲示しておく。羽化が始まったら、クラス全員で観察できる。

DIGITAL　TOSS ランド No.9862875「感動！子どもたちにチョウの羽化を見せる方法」

強制羽化といい、羽化が近づいたさなぎを冷蔵庫で冷やしておき、白熱電球で温めて羽化させる方法もある。

DIGITAL　矢野幸夫「チョウ類を授業中に羽化させる方法」第１回東レ理科教育賞受賞

（尾川智子）

# 4　昆虫の育ちとからだのつくり

## 昆虫のからだのつくりを調べる

### ねらい

昆虫のからだのつくりを理解させる。

### よくある失敗

昆虫のからだのつくりを、正しくとらえられない。

### コツ

見ないで絵を描かせることで、見る視点を与える。

## 1　実物を見ないで絵を描かせる

**指示**　何も見ないで、アリの絵を描きなさい。描けたら、持ってきなさい。

実物を見ないで絵を描かせ、からだのつくりがわかっていないことを実感させる。その後の観察で児童は視点をもって注意深く見るようになる。

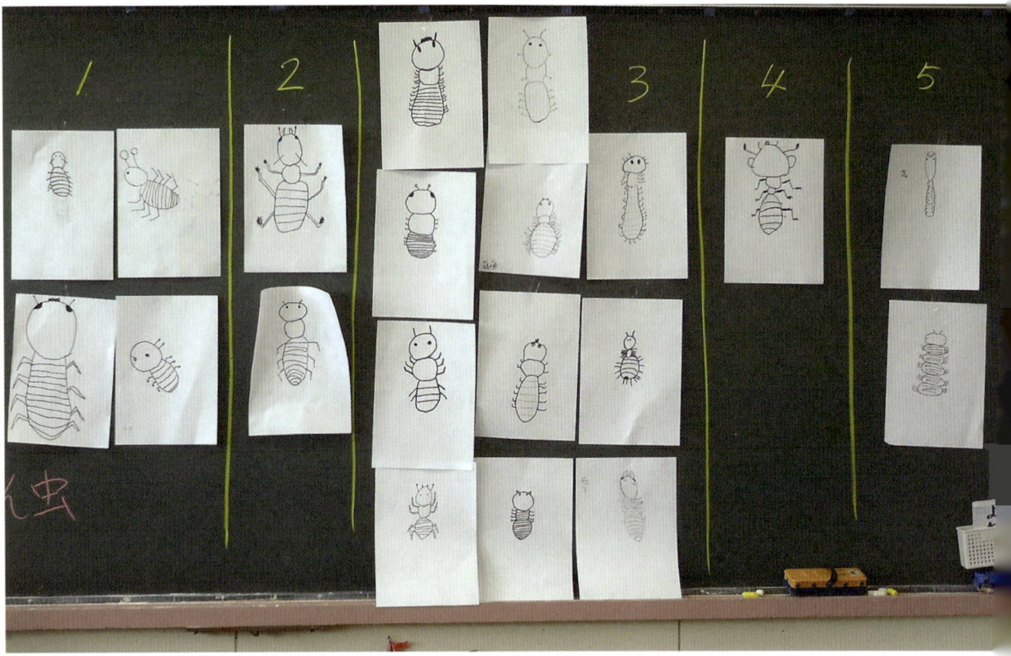

### 見ないで描いてから、観察する

持ってきた絵を教師が黒板に貼る。貼る時に、似ている絵をまとめる。

**発問**　正しい絵はどれですか。番号を選んで、理由も考えなさい。

### 児童の声

- 2だと思います。理由は、からだが3つに分かれていて、あしが6本あるからです。
- 4だと思います。理由は、からだが4つに分かれていて、あしは6本だったと思うからです。

## 2　実物を見て絵を描かせる

**指示**　実物を見ながら絵を描きなさい。絵が描けたら、気がついたことを、言葉で書きなさい。

アリは、ふたつきの容器に入れて虫めがねを使って観察させる。

昆虫のからだのつくりは、右図のように簡単な図を描き、「むね」に色をぬる作業で習得させる。

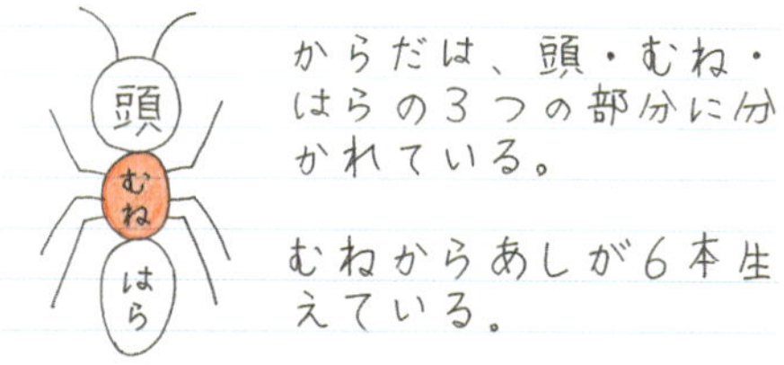
頭
むね
はら
からだは、頭・むね・はらの3つの部分に分かれている。
むねからあしが6本生えている。

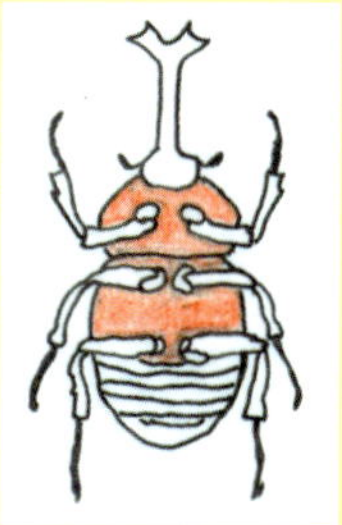

### あしが出ている部分がむね

カブトムシやクワガタムシの場合、背側から見ると間違いやすい。腹側から見るとわかりやすい。あしが出ている部分がむねである。

（尾川智子）

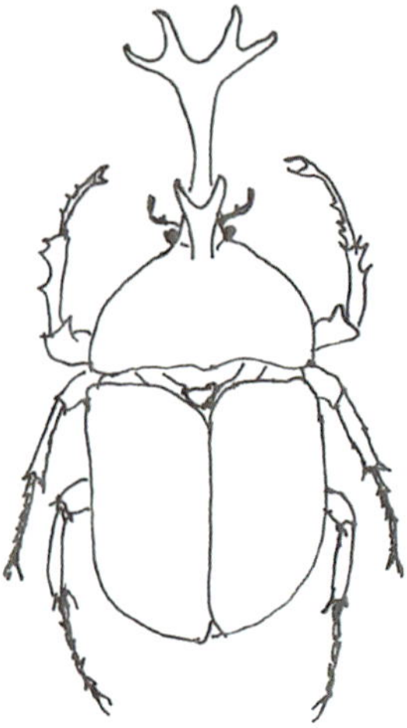

## 4　昆虫の育ちとからだのつくり

# 昆虫の育ち方を知る

**ねらい**

昆虫によって育ち方が違うことに気づかせる。

**よくある失敗**

昆虫の育ち方の違いが見つけられない。

**コツ**

チョウ型とバッタ型に分類させる。

## 1　チョウとバッタの育ち方を比較させる

**指示**　チョウとバッタの育ち方を見て、違いを見つけなさい。

教科書でチョウとバッタの違いを見つけ、箇条書きで、なるべくたくさん書かせる。作業中、たくさん見つけた子を次々とほめることで熱中して取り組ませることができる。

教科書の「まとめ」をノートに写させて、音読させ、２種類の昆虫の育ち方を覚えさせる。

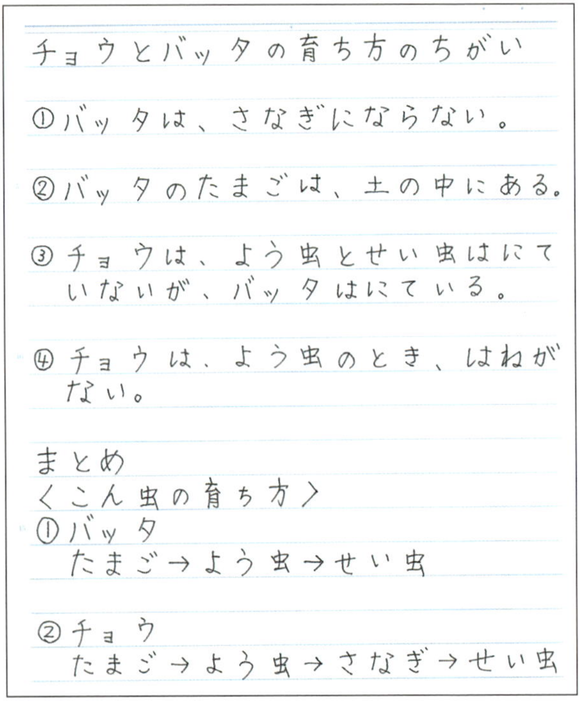

チョウとバッタの育ち方のちがい

①バッタは、さなぎにならない。

②バッタのたまごは、土の中にある。

③チョウは、よう虫とせい虫はにていないが、バッタはにている。

④チョウは、よう虫のとき、はねがない。

まとめ
〈こん虫の育ち方〉
①バッタ
たまご→よう虫→せい虫

②チョウ
たまご→よう虫→さなぎ→せい虫

## 2　図鑑を使って、他の昆虫の育ち方を調べる

育ち方の載っている図鑑を用意して配付する。

> **指示**　「たまご→よう虫→さなぎ→せい虫」をチョウ型
> 「たまご→よう虫→せい虫」をバッタ型とします。
> 昆虫の育ち方を、チョウ型とバッタ型に分類しなさい。

### 表にしてまとめる

ノートに表で書かせる。

| チョウがた | バッタがた |
|---|---|
| アリ | カマキリ |
| カブトムシ | トンボ |
| クワガタムシ | コオロギ |
| が | セミ |
| ハチ | |

【図鑑に載っている昆虫の例】

〔チョウ型〕　テントウムシ

たまご → よう虫 → さなぎ → せい虫

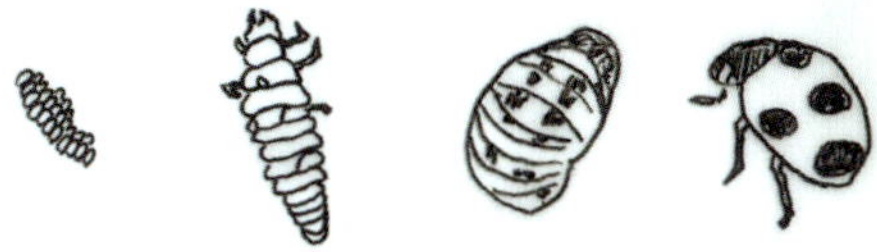

〔バッタ型〕アブラゼミ

たまご → よう虫 → せい虫

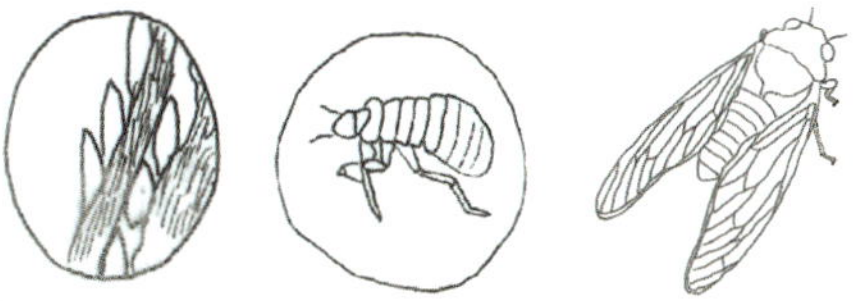

### 児童が教室に持ち込む生き物をどうするか

児童たちが生き物を見つけて持ってきたら、次の約束をする。

食べ物がわからなかったり、用意できなかったりすると長く飼うことはできないので、その日のうちに、元の場所に放す。

どんな所で見つけたか、クラスで発表させると、生きている場所と食べ物を関連づけられるようになる。

（尾川智子）

5　太陽の動きと地面のようす

# かげのでき方を調べる

**ねらい**

かげは太陽の反対側にできることに気づかせる。

**よくある失敗**

視点のないかげ踏み遊びで終わってしまう。

**コツ**

かげ踏み遊びと発問・発表をくり返す。

## 1　コートの中だけのかげ踏みで気づかせる

最初に、校庭全体を使ってかげ踏み遊びをさせる。

次に、コートの中に限定してかげ踏み遊びをさせる。遊ばせたあと、集合させて発問する。

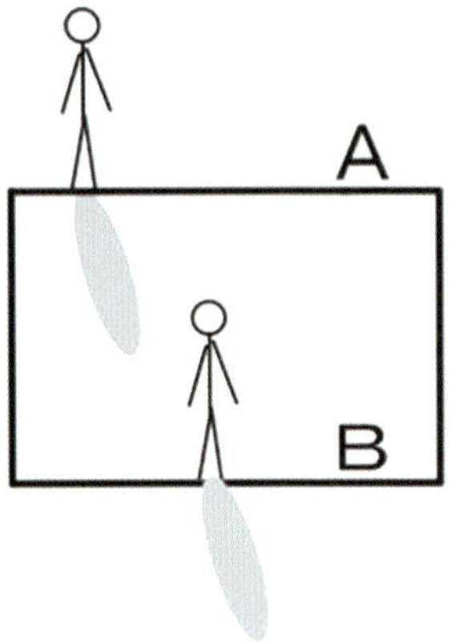


> 発問　かげを踏まれない場所はどこですか。

### 遊びと発問・発表をくり返す

「Bの線の上に立つとかげを踏まれない」という意見が出たら、再度かげ踏みをさせる。

終わったら集合させ、さらに気づいたことを発表させる。

遊びと発問をくり返すことで、太陽とかげの関係に気づかせていく。

最後に、かげを右手で、太陽を左手で指ささせる。「かげはいつも太陽の反対側だけにできる」とまとめる。

## 2　かげはどのようにできるかを予想させる

発問　人が並んで立っています。
一人のかげは図のようにできました。ほかの人の影はどのようにできるでしょうか

意見とその理由を発表させ、見て確かめたいという意欲をもたせてから屋外に出し、実際に調べさせる。

発展として、ジャンプしたら、走って移動したら、同じ場所で時間を変えて立ったらなど、いろいろな状況でのかげを予想させ、確かめさせる。

### 自分の意見を発表できたことをほめる

誤答を言う児童がいてもよい。自分の意見をもって発表できたこと自体をほめる。科学は自分なりの仮説をたて、それを検証することで発展したことを伝え、自分の意見をもつことの大切さを教える。

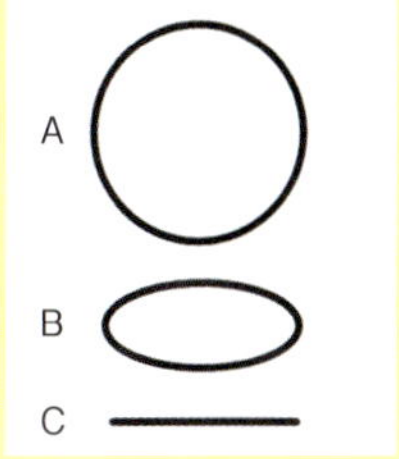


### プラスアルファ　輪投げの輪でかげを作る

「輪でABCの形のかげはできますか」と発問し、挙手させて人数を確認する。
「輪投げの輪を使って各自でやってごらんなさい」と一人ずつ輪を持たせて実験させる。

【参考文献】『教え方のプロ・向山洋一全集8』

（森泉真理）

# 5 太陽の動きと地面のようす

## 太陽の動きを調べる

**ねらい**

かげの向きから太陽の動きを調べさせる。

**よくある失敗**

かげの向きを太陽の動きと関連して考えられない。

**コツ**

かげの向きと共に太陽の方向を記録させる。

### 1　太陽が動いていることを遮光板で確かめる

> **指示**　遮光板で太陽を観察します。太陽が建物に半分かくれて見えるところに立ちなさい。

　日なたと日かげの境目から観察を始める。太陽は東から西の方向に動いていることを確認させる。遮光板の使い方は、教室で教えてから校庭に出る。

「太陽を直接見ると目を痛めて危険である」と指導する。

### 2　太陽とかげの動き方を記録する

方法①　地面に書く（班観察）

　他学年児童の活動に支障のない場所（校庭・屋上など）を選び、東西南北の方位（十字）と棒をセットする。

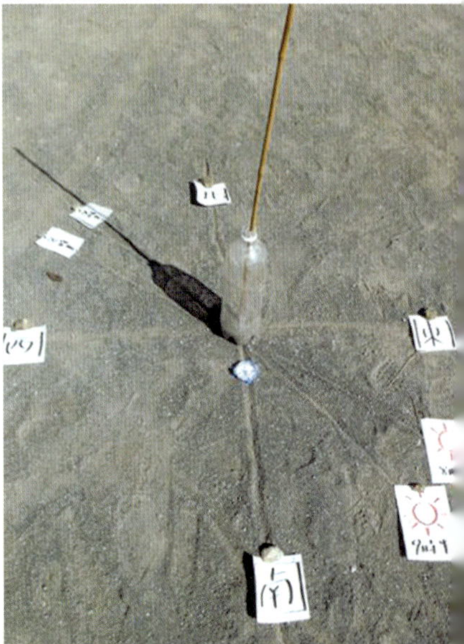

> **指示**　かげの向きと太陽の方向を書きなさい。

方法②　東西南北の十字を書いた記録用紙を使う（個別観察）

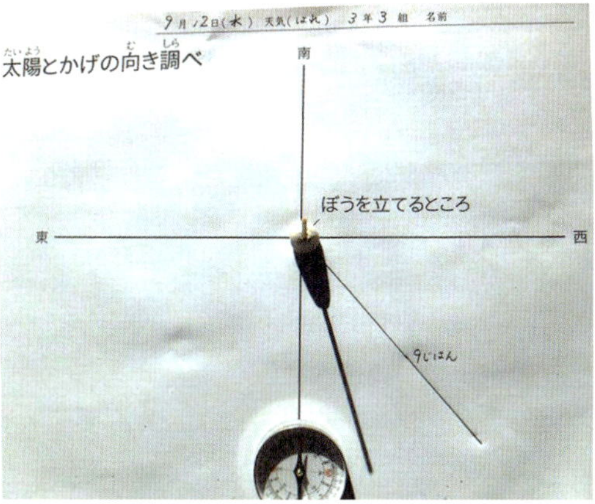


一人１枚の記録用紙を、画板などに貼らせる。

記録用紙の真ん中に粘土を置き、爪楊枝大の棒を立てる。

> **指示**　１時間ごとに、かげの向き、長さ、時刻、太陽の方向を記録しなさい。

休み時間に観察できるよう、記録する時刻を指定する。

## 太陽の動きを記録させる

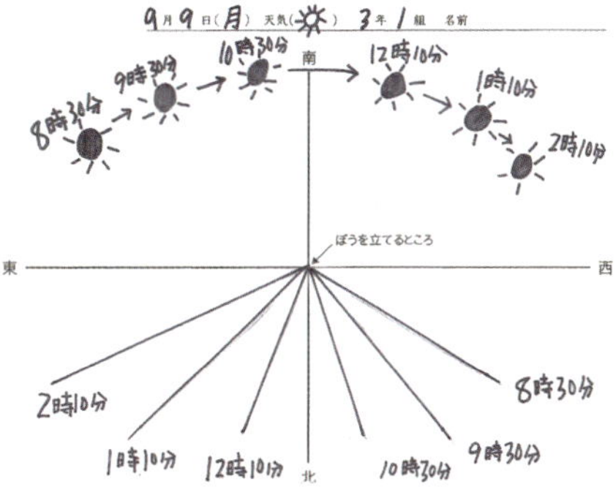


棒の影を鉛筆でなぞって記録させる。それと同時に、太陽の方向も記録させる。（右図参照）

いつも影の反対側に太陽があることが、記録を通して確かめられる。

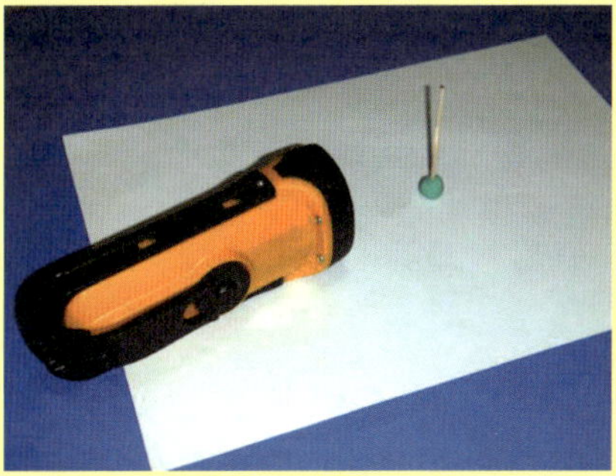

### 懐中電灯でモデル実験

粘土に立てた棒に懐中電灯の光を当て、影を作る。

懐中電灯を動かして光の当て方を変えると、影の向きはどうなるか予想させてから、実験させる。

（森泉真理）

5 太陽の動きと地面のようす

# 日なたと日かげの温度を調べる

## ねらい

日なたと日かげの温度の違いを調べさせる。

## よくある失敗

正しく測定できない児童がいる。

## コツ

屋外に出る前にペアで測定方法を確認させる。

## 1　気温の正しい測定方法を教室内で確認してから校庭に出る

**指示**　気温をはかります。正しい測定方法を二人組みで確認します。

### ペアで確認させる

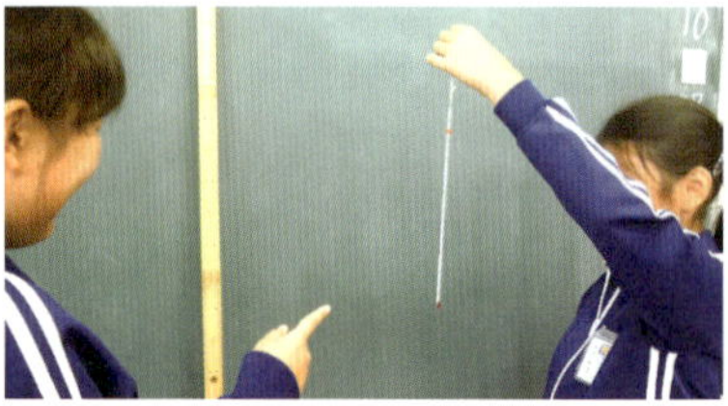

①温度計を二人に１本持たせる。

②交代で相手が正しく使っているか確認させる。

- 高さは1.2m ～ 1.5m
- 温度計は顔から 20 ～ 30cm 離して息がかからないように持つ。
- 温度計と目を同じ高さにして正面から読む。
- 液が目盛りと目盛りの間のとき、近い方の目盛りを読む。目盛りの真ん中だったら上の目盛りを読む。

③悪い例を示して、理由を考えさせる。

温度計に日光が当たっている

斜めに見ている

## 2　地温の正しい測定方法は教師が演示して見せる

児童たちは、教科書を読んだだけでは正しく測定できない。

> **指示**　地温の測定をします。測定方法を見せるので集まりなさい。

演示しながら、3つのポイントを示す。

①浅い穴を掘る。

②温度計を横たえ、液だまりに軽く土をかける。

③温度計に直射日光が当たらないようおおいをする。

- 温度計で穴を掘らないように、移植ごてを用意する。
- 地温が測定できたら、ペアで教師のところへ報告に来させる。
- 合格したペアから、記録用紙に結果を書かせる。

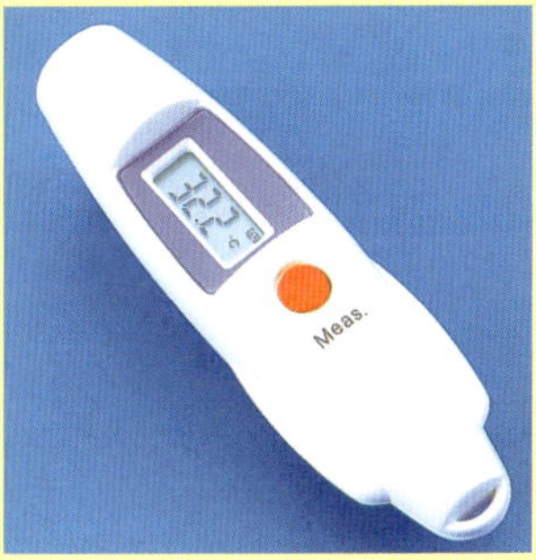


### 放射温度計

赤外線により、測定物に触れることなく表面温度をはかることができる。

地温などを瞬時に測定することができるので、便利である。

「非接触温度計」という名称で売られているものも同じである。

（森泉真理）

## 5 太陽の動きと地面のようす

# 測定結果を棒グラフに書く

**ねらい**

結果を棒グラフに書いて比べさせる。

**よくある失敗**

棒グラフの書き方・見方をまちがえる。

**コツ**

温度計の図に彩色する作業を行わせる。

### 1　測定結果を「温度計の図」に彩色する

温度計を印刷した用紙を用意する。

記録用紙は、日なた用と日かげ用の２枚用意する。

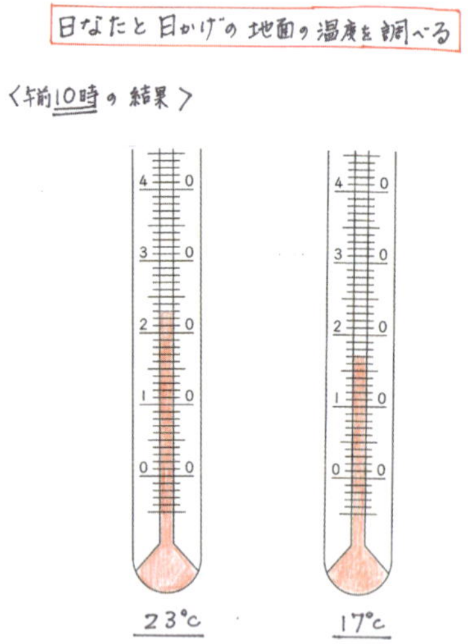


**指示**　記録した温度を温度計の図にぬりなさい。

**温度計の図に彩色し、棒グラフを書く作業につなげる**

### 2　結果を「棒グラフ」に書く

棒グラフとは、数値を棒の長さで示したグラフであることを教える。

①グラフ枠のワークシートを用意する。（次ページ）

②縦軸が温度を表し、１目盛りの大きさが１℃であることを確認する。

③１本目のグラフは、書き方を説明しながら、一斉指導で書かせる。書けたら持って来させて、一人ずつチェックする。

④２本目のグラフは班で確認しながら書かせる。班ごとに持って来させて、全員できているかチェックする。

⑤合格した班から、３本目、４本目のグラフを書いて仕上げさせる。

⑥早く終了した児童は、気づいたことを箇条書きで書かせておく。

日なたと日かげの地面の温度の変化
棒グラフでまとめよう

| | 日なた | | 日かげ | |
|---|---|---|---|---|
| (℃) | | | | |

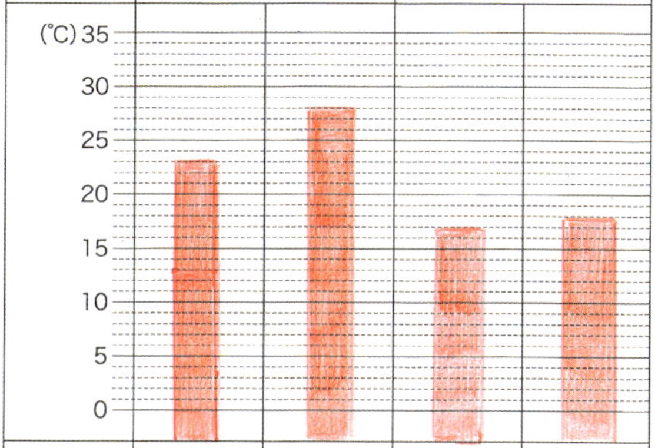

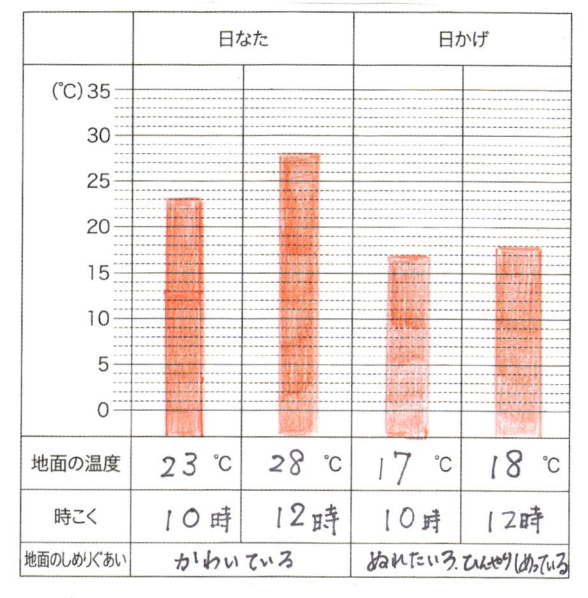

| | 日なた | | 日かげ | |
|---|---|---|---|---|
| 地面の温度 | 23 ℃ | 28 ℃ | 17 ℃ | 18 ℃ |
| 時こく | 10時 | 12時 | 10時 | 12時 |
| 地面のしめりぐあい | かわいている | | ぬれている。ひんやりしめっている | |

〈まとめ〉・日なたの地面はあたたかいけれど日かげの地面はつめたい。
・10時から12時の間に日なたは5℃温度が高くなったけれど日かげは1℃しか変わらない

ひなたは○○だが
ひかげは△△である。

## +α《プラスアルファ》 比較して表現する文型を与える

黒板に左のような文型を示す。

この型を使って、実験で気づいたことやわかったことを箇条書きでノートに書かせる。

書いたことを発表させ、自分のノートに書いていない友だちの気づきを書き加えさせる。

（森泉真理）

6　光の性質

# 光を反射、直進させる

### ねらい

光は鏡で反射して直進することを理解させる。

### よくある失敗

遊びで授業を終えてしまう。

### コツ

ジグザグ道を作り、競わせる。

## 1　鏡で光を反射させ通り道を見せる

教師のまわりに児童を集め、光のジグザグ道を見せる。

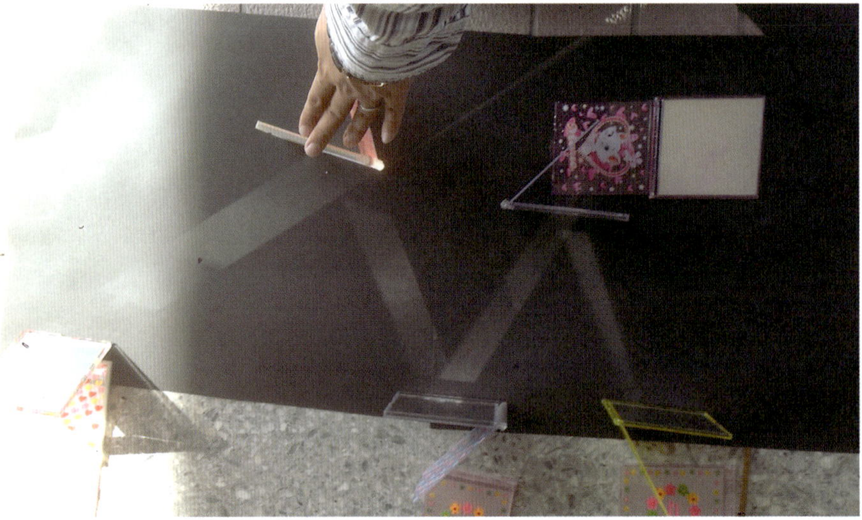

### 黒画用紙の上で演示する

【準備物】

黒画用紙（四つ切）２枚、鏡（約10cm四方）５枚

【うまくジグザグを作るコツ】

- １枚目の鏡だけ日光にあてて黒画用紙に光の道を作る。
- 鏡面を少しだけ地面に向けて光を反射させる。

## 2　班ごとに光のジグザグ道をいくつ作れるか競う

演示で光のジグザグ道を見せたあと、班対抗で競争させる。

> **指示**　黒画用紙２枚の上にジグザグ道をいくつ作ることができるか、競争します。

【各班準備物】黒画用紙（四つ切）２枚、十分な数の鏡（約 10cm 四方）

### 鏡をほんの少し下向きにさせる

黒画用紙の上に光の通り道が見えるように、角度を調節させる。

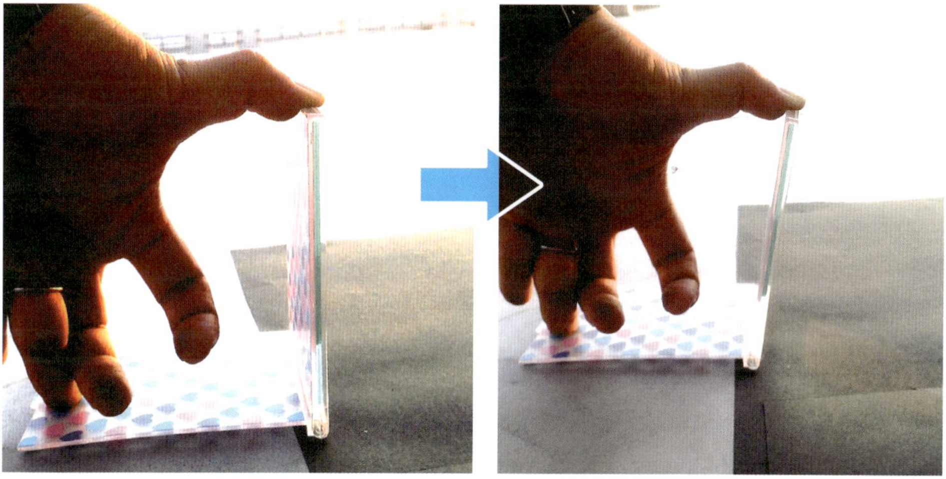

### 実験をする場所と時間

左のように光が少し差し込む軒下が実験しやすい。午前中ならば建物の西側、午後ならば東側にこのような場所ができる。

正午の高い位置での日光は、地面に反射させにくい。午前 11 時までや、午後２時以降が実験しやすい時間帯である。

（蔭西 孝）

6　光の性質

# 虫めがねで日光を集める

**ねらい**

虫めがねで光を集められることを理解させる。

**よくある失敗**

うまく光を集められない。

**コツ**

正午前後の焦がしやすい時間に行う。

## 1　虫めがねで光を集めて焦がす

紙に対してレンズが斜めになっている持ち方と、平行になっている持ち方を演示して見せ、予想させる。

発問　紙が焦げやすいのは、どの集め方でしょう。

### 天候は快晴で、正午に近い時間帯が望ましい

①紙を日光に対して直角に向ける。

②レンズの像がきれいな○になるように虫めがねの角度を調節する。（下写真）

③きれいな○のまま前後にレンズを動かして○を小さくする。

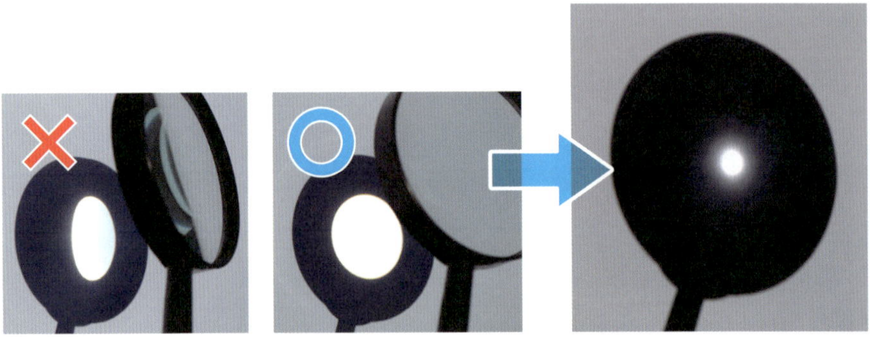

## 2　黒と白の画用紙で実験する

**指示**　黒と白の画用紙、虫めがねを使い、紙を焦がします。
実験で気づいたことを、ノートに書きなさい。

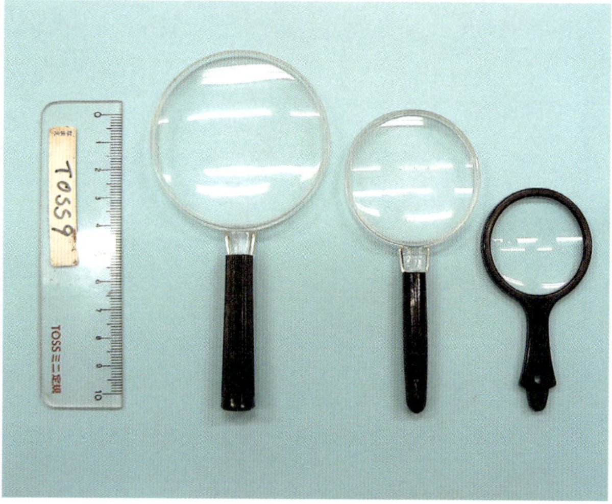


【準備物】

黒画用紙、白画用紙（10㎝四方）、大きさの違う虫めがね3種類

### 焦がしやすい道具を用意する

画用紙は、黒の色画用紙が焦がしやすい。

虫めがねは、レンズの直径が大きい虫めがねの方が焦がしやすい。大きさの違う虫めがねで焦げ方を比較させると、熱中して取り組む。

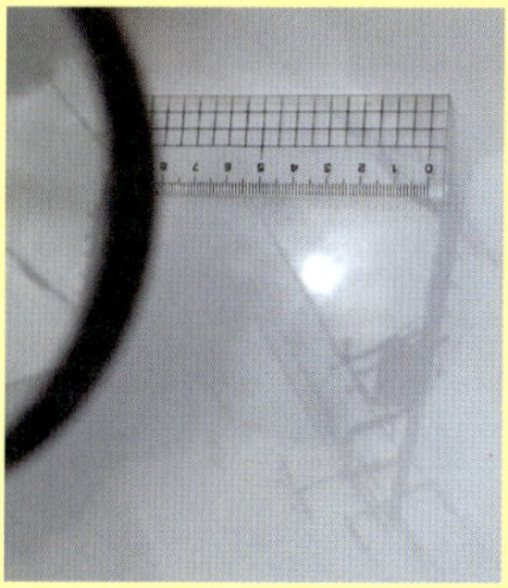

### +α　太陽の光は１点には集まっていない

虫めがねで太陽の光を紙に集めるとまぶしく光って焦げる。

実際には点ではなく、紙の上に小さな太陽の像が写っている。雲を通して薄日が差しているようなときに虫めがねで太陽の光を集めると、雲や景色といっしょに太陽の像が紙に写る。

（蔭西 孝）

7　風やゴムのはたらき

# 風のはたらきを調べる

**ねらい**

風の力でものを動かせることに気づかせる。

**よくある失敗**

帆への風の当たり方が、毎回変わってしまう。

**コツ**

しなりにくい帆。送風機とスタート位置の固定。

## 1　風で動く車を作る

①教材セットを利用して車の本体を作る。プラスチック段ボール（7 cm × 12cm）に金属性の車軸（長さ 9 cm）を通し、模型自動車のタイヤ（直径40～50mm）をつける。

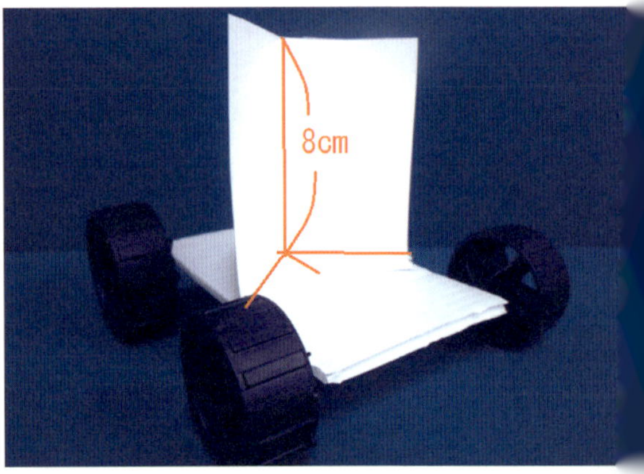


②帆を画用紙（9 cm × 9 cm）で作る（右図は型紙）。帆の下の部分を 1 cm 折り返して、両面テープで車体に貼りつける。帆を縦に折ると、折り目が背骨となり、風で帆がしならない。

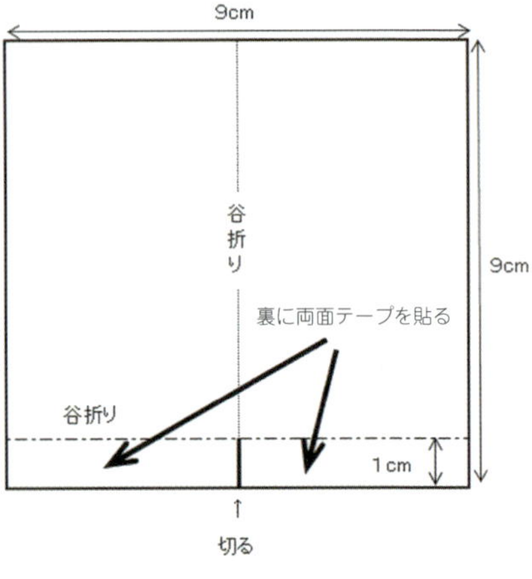


③早くできた児童には、帆に絵を描かせる。

## 2　風で車を動かす方法

### 送風機とスタートの位置を固定する

①送風機が動かないようにビニルテープで床に固定する。
床にビニルテープを貼り、スタートラインとする。

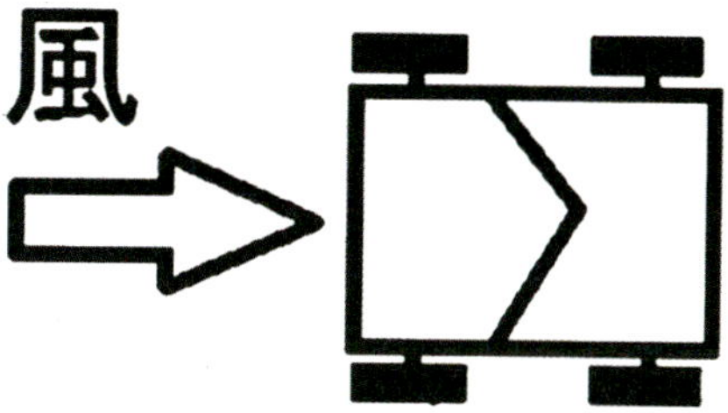


②送風機の風を車の帆に正面から当てる。
車の前に手をかざして風が来ていることを確認する。

③風を板でさえぎって風を止めておき、板を持ち上げて車をスタートさせる。

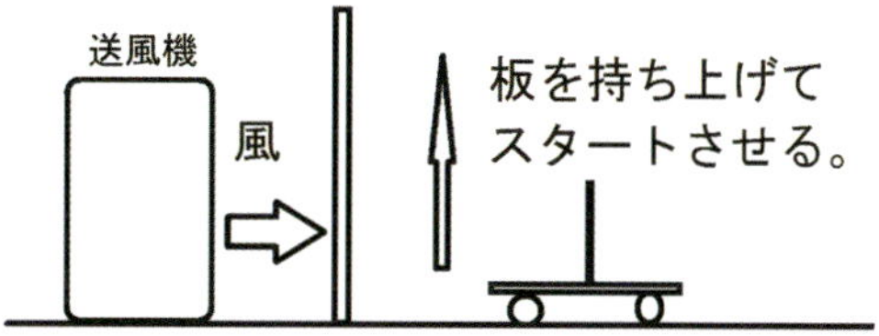


## 3　床のマス目で距離をはかる

１マス（約30cm四方）ごとに画用紙に数字を書いて置く。
車が止まったマス目の数字が移動距離である。(50ページタイトル写真参照)

### +α ペットボトル風車で発電する

サイキット社の「夢風車２」を使うと風力発電のモデル実験ができる。

弱い風でもLEDを点灯させることができる。

【参考サイト】株式会社サイキット「風力発電キット」

（太田 泰）

7 風やゴムのはたらき

# ゴムのはたらきを調べる

**ねらい**

ゴムの力でものを動かせることに気づかせる。

**よくある失敗**

ゴムの伸びと、ゴムの長さを混同してしまう。

**コツ**

ゴムの伸びをはかれるスタート装置を作る。

## 1　ゴムで動く車のつくり方

輪ゴムをかける留め具は、壁かけ用のミニフックを利用する。フックを車体の下側に貼りつける。

フックは車の正面の中央部分につける。ゴムの力が中央にかからないと車がスピンしてしまう。

車をまっすぐ後ろに引いて、そっと手を離して走らせる。

手で押さないように注意をする。

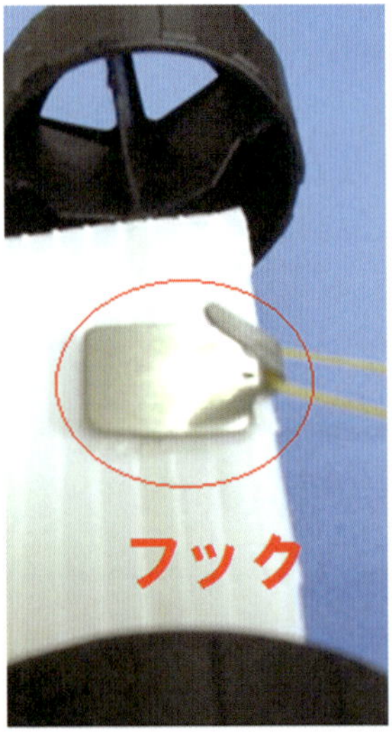


車体の下側から見たところ

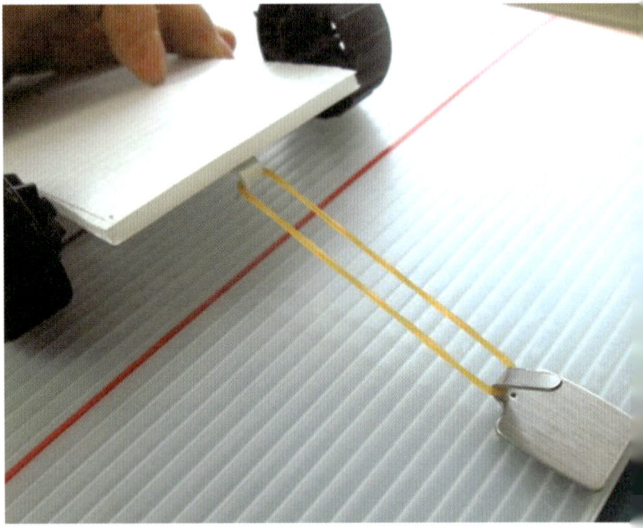

発車台のフックに輪ゴムをかけて引く

## 2　ゴムの伸びを変化させて、車の動く距離を調べる

### ゴムの伸びと長さを区別する

もとの長さからどれだけ伸びたかが、「伸び」である。

プラスチック段ボールで発車台を作る。ゴムが伸び始めるところを0cmとする。ゴムの伸びを5cmずつはかれるようにする。車の動いた距離は、床のマス目を利用してはかる。一マスは約30cmとなる。

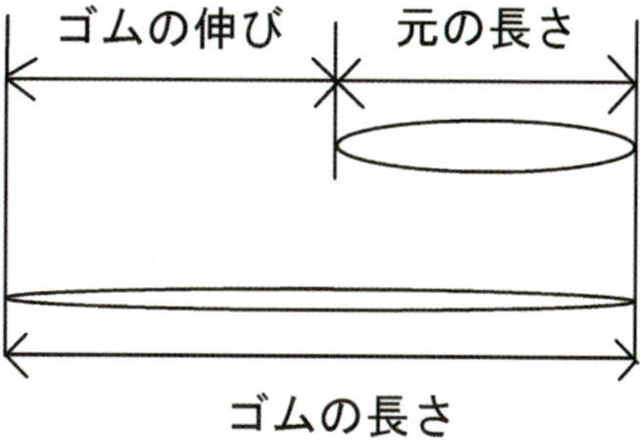


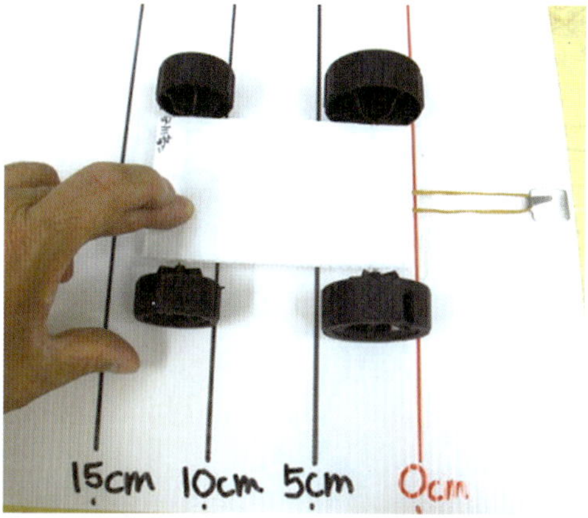


ゴムの伸びを変えて発車させる

動いた距離をはかる

### 紙コップロケット

発射台

本体

発射台＋本体

紙コップのロケットをゴムの力で飛ばすことができる。

TOSSランド No.6793973「かみコップロケット」

（太田 泰）

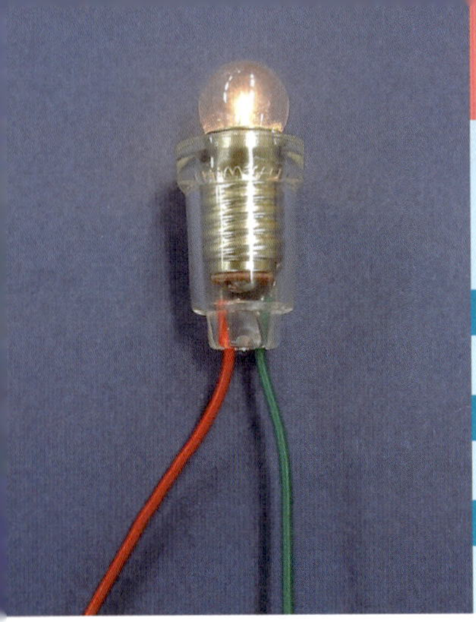

8　電気の通り道

# 豆電球が光るつなぎ方を調べる

**ねらい**

豆電球が光る回路は輪になることを理解させる。

**よくある失敗**

豆電球の中の電気の通り道がわからない。

**コツ**

豆電球ソケットを分解して見せる。

## 1　豆電球の中の電気の通り道

豆電球と乾電池、導線を一人１つずつ用意する。

①豆電球の中の電気の通り道を、予想して書かせる。

②ソケットを使わずに、乾電池１個と導線１本で豆電球をつける実験をさせる。乾電池の＋極に電球の口金の先端を押し当て、－極からの導線をねじの部分につけると光る。

③実験の結果をもとに、豆電球の中の電気の通り道はどうなっているかを考えさせる。

**POINT! 豆電球の中でも回路はつながっている**

豆電球の口金をはずし、中の導線を見せるのは難しい。

ソケットのプラスチックをはずすと金具の２ヶ所に導線がつながっているようすがよく見える。このソケットに豆電球をはめて点灯させて見せる。

ペンチでプラスチックをつぶす

２ヶ所につながっている

## 2　豆電球がつかないときは「考えを深める」チャンス

豆電球をソケットにはめて実験する際、つかないことがある。回路の輪がどこかで切れていることに気づかせるチャンスである。

### 原因と確かめる方法を考えさせる

①豆電球が切れている。

→豆電球を取り換えると光る。

②豆電球がソケットの中でゆるんでいる。

→豆電球をきつくはめ込むと光る。

③導線の金属の部分と乾電池の極がつながっていない。

→つなげると光る。

④乾電池が古い。

→乾電池を取り換えると光る。

### ＋α　実験にはマンガン乾電池を使う

電池の＋極と－極を導線で直接つなぐと、ショート回路になる。

大電流が流れ、やけどの危険もある。このページの実験では大電流が流れやすいアルカリ乾電池や充電池を使用しない。

（太田 泰）

# 8　電気の通り道

# 電気を通すものを調べる

### ねらい

金属は、電気を通すことを理解させる。

### よくある失敗

物質の違いに注目させられない。

### コツ

同じ製品で素材のちがうものを用意する。

## 1　予想してから実験する

**発問**　電気を通すものは、どんなものでできているでしょうか。

①電気を通すと思うものには○、通さないと思うものには×を、予想に記入させる。

②実験をして、わかったこと、気づいたこと、思ったことを書かせる。

③電気を通すものの共通点に気づかせ、結論を図や文章にまとめさせる。

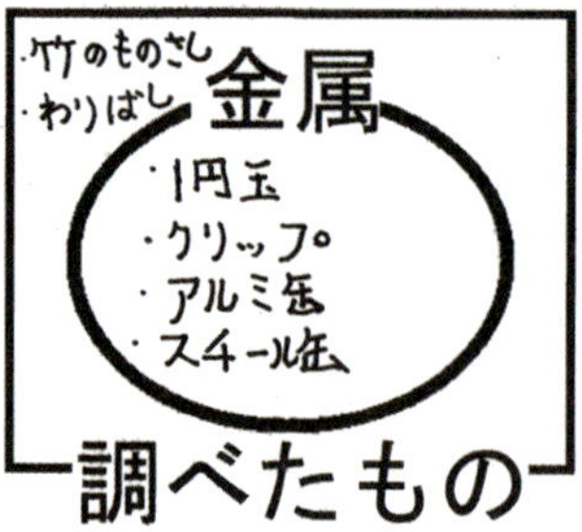


**金属は電気を通す。**

3年　くみ　ばん 名前

豆電球に明かりはつくか。

| もの | よそう | けっか |
|---|---|---|
| わりばし | | |
| 竹のものさし | | |
| 1円玉 | | |
| クリップ | | |
| ・・・ | | |
| ・・・ | | |
| | | |
| わかったこと。きづいたこと。思ったこと。 | | |

## 2　実験で調べるものの選び方

### 同じ製品で素材（物質）の違うものを用意する

①同じ製品で金属と金属でないものを準備する。（プラスチックや竹、スチールのものさし）

②鉄だけでなく、銅、アルミニウムなどの他の金属を用意する。（アルミ缶とスチール缶など）

③内部は金属だが、被覆されているため、電流を通さないものを準備する。（クリップとプラスチックコーティングしてあるクリップなど）

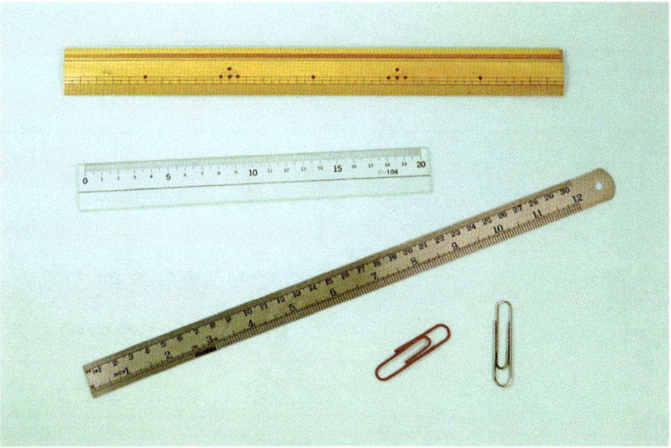

次の「磁石につくものを調べる」でも、同じものを使うようにする。

### 銀紙、金紙は電気を通す

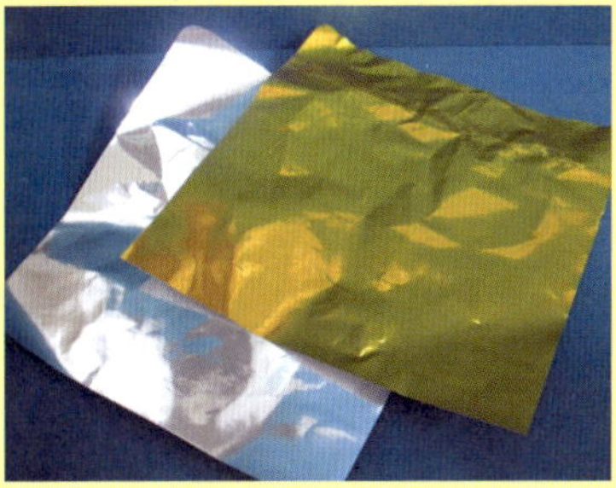

銀紙は、紙にアルミニウム箔が貼ってあるため、電気を通す。

金紙は、アルミニウム箔の上にオレンジ色の塗料が塗ってあるため、電気を通さない。

紙やすりで塗料を剥がし、金属を露出させると、電気を通す。

（太田 泰）

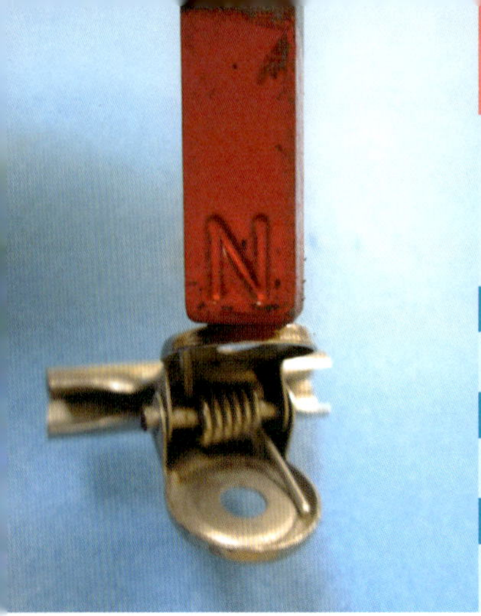


9　磁石の性質

# 磁石につくものを調べる

### ねらい

鉄は磁石につくことを理解させる。

### よくある失敗

電気を流すものと磁石につくものを混同する。

### コツ

金属について磁石につくかつかないか確認する。

## 1　予想してから実験する

発問　磁石につくものは、どんなものでできているでしょうか。

①磁石につくかどうかの予想を○×で記入してから実験する。
②結果を確認し、わかったこと、気づいたこと、思ったことを記入し発表しあう。
③電気を通すものを調べる実験との比較を行う。
④結論を図や文章にまとめる。

3年　くみ　ばん 名前

磁石につくものを調べる。

| もの | よそう | けっか |
|---|---|---|
| わりばし | | |
| 竹のものさし | | |
| 1円玉 | | |
| クリップ | | |
| … | | |
| … | | |
| | | |

わかったこと。きづいたこと。思ったこと。

## 2　金属に限定して確認する

磁石につくものをまとめたら、「電気を通すものを調べる」で使った金属に限定して磁石につくかつかないかを確認する。

電気を通したスチールのものさし、アルミ缶、スチール缶、クリップのうち、鉄でできたものだけが磁石につくことがわかる。

このようにすると、「電気を通すもの（金属）＝磁石につくもの」という混同がなくなる。

なお、鉄の一種であるステンレスには、磁石につかないものがある。

## 3　離れても磁石の力ははたらく

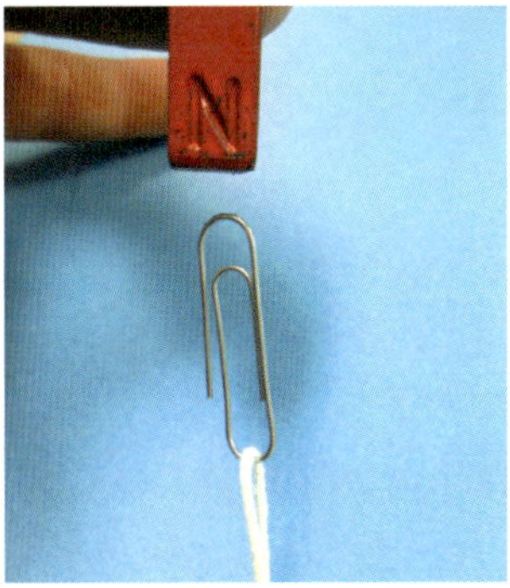


クリップに糸を付け、糸の一端を机にセロハンテープでとめる。磁石でクリップを引きつけ、少しずつ離していくと、クリップが空中に浮く。

下敷きなど磁石につかないものを途中に入れても、磁石の力ははたらく。

はさみの持つところは中身が鉄なので、表面がプラスチックで被覆してあるが、磁石につく。

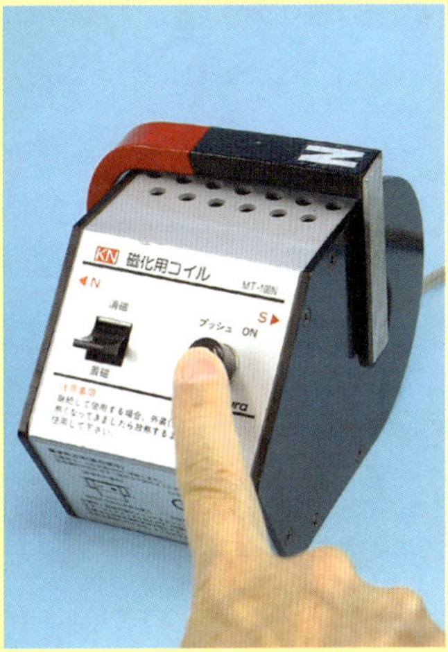


### +α 弱くなった磁石を磁化用コイルで強くする

棒磁石、U形磁石など鉄（鋼）製磁石を強くすることができる。方位磁針も直せる。

スイッチを押すのは１秒程度でよい。長く押し続けるとコイルが過熱して破損する場合がある。U形磁石は保持用鉄片をつけて磁化するとより強くなる。棒磁石の場合、真ん中に保持しないと強い力で引き込まれる。児童には扱わせず、教師が使うようにする。

磁石は保持用鉄片をつけて保管する。

（太田 泰）

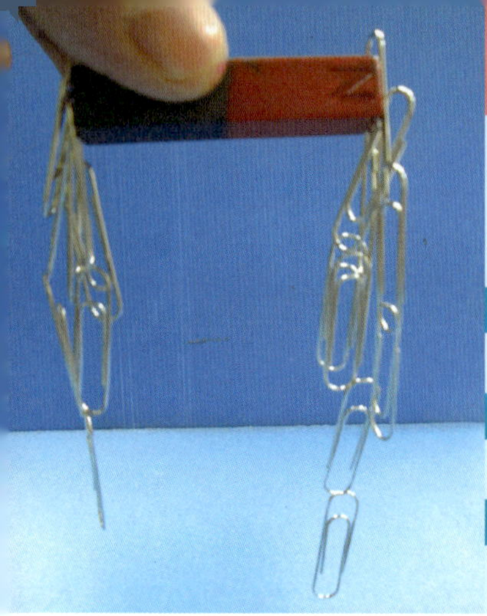

9　磁石の性質

# 磁石の性質を調べる

**ねらい**

磁石の両端に極があることを理解させる。

**よくある失敗**

砂鉄が磁石についてしまう。

**コツ**

ビニタイを使って実験する。

## 1　磁石の力がはたらく部分を探す

砂鉄で磁石の力がはたらく部分を調べるには、以下の注意が必要である。

①事前に砂場の砂に砂鉄（磁鉄鉱）が含まれていることを確かめる。白い砂には磁鉄鉱がほとんど含まれないことがある。

②砂鉄が磁石につかないように、磁石をポリ袋に入れて使う。

### ビニタイで調べる

ビニタイを使うと砂鉄のように磁石からとれなくなったり、教室が汚れたりすることがない。

中に針金の入ったビニタイを2cm 程度に切って磁石にふりかける。両端に引きつけられるようすを観察できる。

また、磁力のはたらく空間が立体的なこともわかる。

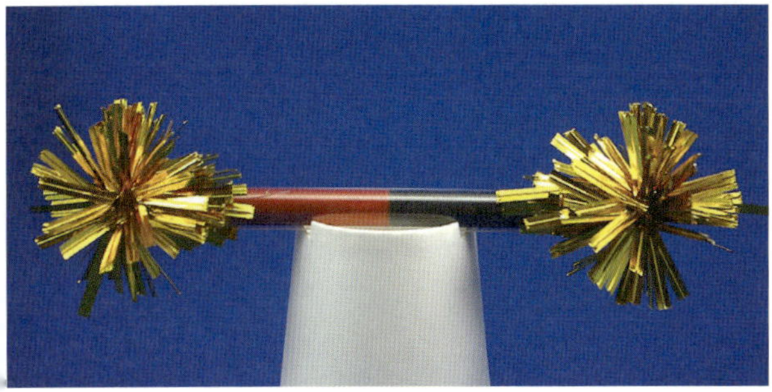

棒磁石にふりかけたとき

フェライト磁石にふりかけたとき

## 2　磁石の性質を使って遊ぶ

画用紙に花のない植物の絵を書く。花を咲かせたいところの裏にフェライト磁石をセロハンテープで貼り付ける。上から、ビニタイをふりかけると花が咲いたようになる。

### +α《プラスアルファ》 地球は大きな磁石

棒磁石を自由に動くようにすると、N極は北を向く。地球が大きな磁石になっているからである。

北極付近にS極、南極付近にN極がある。

（太田 泰）

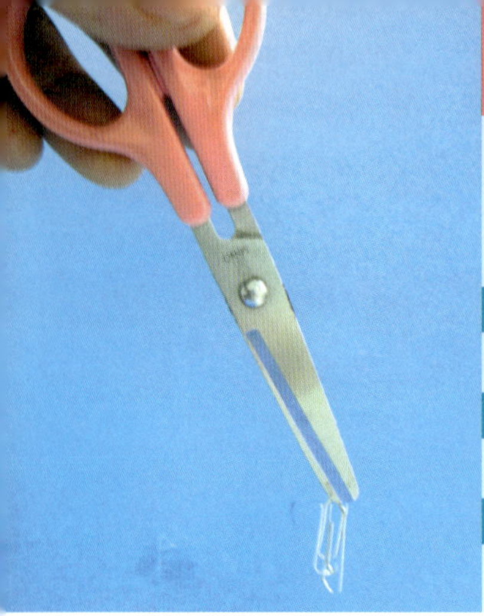

9　磁石の性質

# 磁石についた鉄は磁石になることを調べる

**ねらい**

磁石が鉄を磁石にすることに気づかせる。

**よくある失敗**

鉄が磁石になることがわからない。

**コツ**

クリップをつなげて磁石になったことを確かめる。

## 1　磁石の力でクリップをつなげる実験

磁石にクリップ（鉄）をつけると、何本もつなげることができる。

次に一番上のクリップをつまんで、上の磁石をはずすと、下のクリップがついたままである。クリップが何本ついているかを競わせる。

指示　クリップをできるだけたくさんつなげなさい。

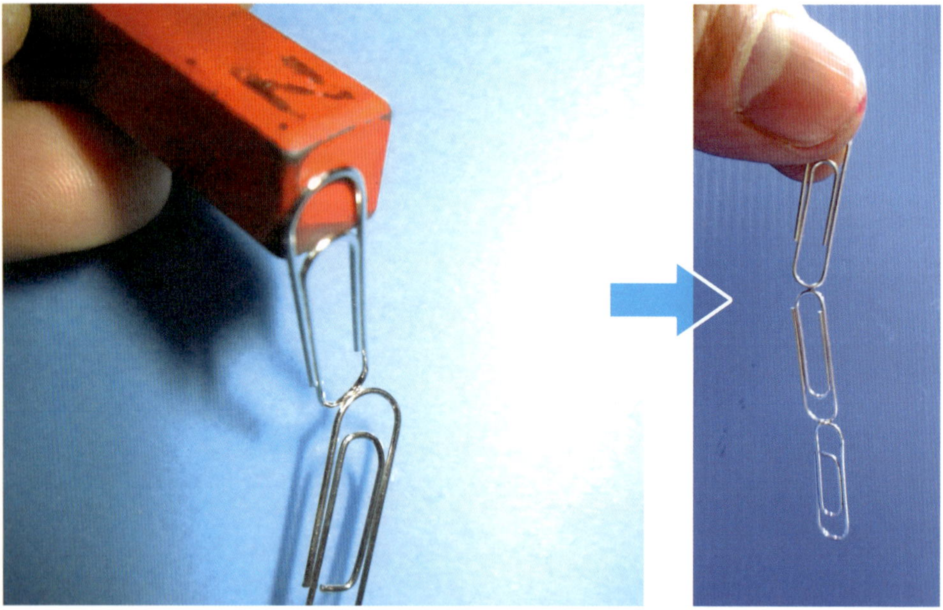

## 2　鉄のクリップが磁石になったことを確かめる

### クリップにＳ極とＮ極ができたことを確かめる

一番上のクリップを方位磁針に近づけると、磁針が動く。クリップの向きを反対にすると、磁針の動きが変わる。クリップが磁石になって、Ｎ極とＳ極ができたことがわかる。

Ｎ極が近づく　　　　Ｓ極が近づく

### +α《プラスアルファ》 方位磁針の直し方

棒磁石で、磁針の端から端まで一方向にこする。最後にこすられた端が、こすった棒磁石の極と反対の極になる。

写真は、Ｎ極でこすっているので、磁針の白い端はＳ極になる。

（太田 泰）

## 10　ものと重さ

# ものの重さ比べをする

**ねらい**

身の回りのものの重さを比べさせる。

**よくある失敗**

はかりで測定しようという意欲をもたせられない。

**コツ**

大きさと重さの近いものを用意して比べさせる。

## 1　手で重さを比べる

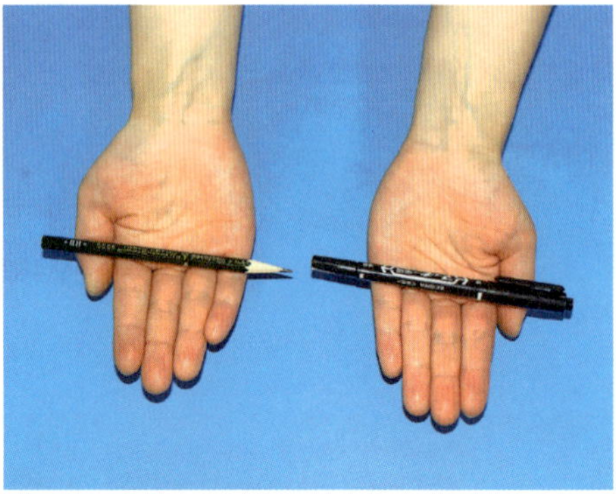

| 指示 | 手にのせて重さを比べます。どちらが重いと感じたか、ノートに記録しなさい。 |
|---|---|

2行空きで、①、②……と箇条書きで書かせる。(右ページノート例)

### 大きさと重さの近いものをペアにして用意する

乾電池と石、スプーンとフォーク、ペットボトルと空き缶などのように、大きさがほぼ同じで、重さが少し違うものをペアにして用意し、感覚でどちらが重いか比べさせる。

## 2　器具を使って重さを比べる

台ばかりや電子てんびんを各班に用意する。

| 指示 | 台ばかりや電子てんびんで重さをはかり、予想と比べなさい。 |
|---|---|

## 児童のノートの例

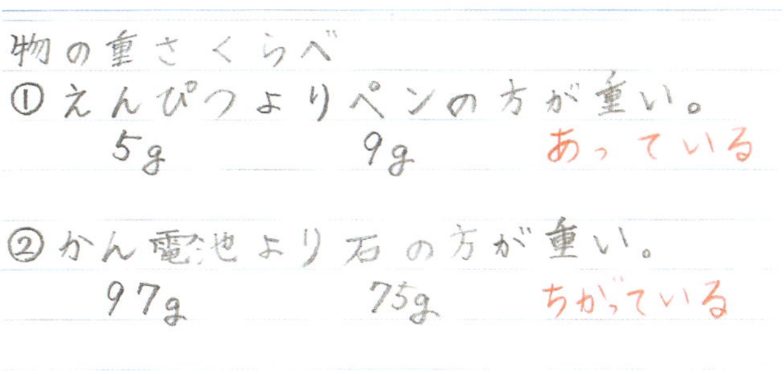
物の重さくらべ
①えんぴつよりペンの方が重い。
5g　9g　あっている

②かん電池より石の方が重い。
97g　75g　ちがっている

手で持って予想を書いたあと、重さをはかって記録する。
予想と結果を比べて、あっていたかどうかを赤鉛筆で書く。

## 器具の使い方の注意

台ばかり、電子てんびんの使い方には、共通の３つのポイントがある。
①水平な場所に置く。　②「０」に合わせる。　③はかるものを静かに置く。
３つのポイントを言いながら測定させると、使い方が定着する。

### +α 手作りてんびんで重さ比べをする

てんびんを手作りすると、重さに対する関心が高まる。
①コップなどの容器に、糸をセロハンテープで貼る。
②①を 30cm ものさしの両端にセロハンテープで貼る。
③洗濯ばさみに糸を通す。
④ものさしが水平になるように洗濯ばさみではさむ。

（上木朋子）

10 ものと重さ

# 形を変えると重さは変わるかを調べる

**ねらい**

形を変えても重さが変わらないことがわかる。

**よくある失敗**

形を変える過程で重さが減り結果のまとめに困る。

**コツ**

減ってしまった理由を考えさせる。

## 1　粘土の形を変えて重さを調べる（予想）

発問　粘土を丸めたり、細かくちぎったりして重さを比べます。
重さはどうなると思いますか。ア～ウから選んで理由も言いなさい。
ア　形によって重さが変わる　　イ　形を変えても重さは変わらない
ウ　細かくちぎると重さが変わる

**児童の声**

- 丸と四角では、はかりに触れる面積が違うので、重さは変わる。
- もともと、同じものなのだから、形を変えても重さは変わらない。
- 細かくちぎると、たくさんできるので重くなる。

## 2 粘土の形を変えて重さを調べる（実験と結果の発表）

**指示** 粘土をいろいろな形に変えて重さをはかります。班ごとに結果を板書しなさい。

ねん土の形と重さ (g)

| 班 | ▭ | ▯ | ○ | ✿ |
|---|---|---|---|---|
| 1 | 65 | 65 | 65 | 65 |
| 2 | 58 | 58 | 58 | 58 |
| 3 | 63 | 63 | 62 | 62 |
| 4 | 65 | 65 | 65 | 65 |
| 5 | 57 | 57 | 57 | 56 |

### 🖐 結果を共有する

板書させることで、班によって違いがあることに気づかせる。

**発問** 粘土の重さが変わった班があるのはなぜですか。

### 😊 児童の声

- 粘土の形を変えるときにこぼしたから。
- 粘土が手について減ってしまったから。

### +α アルミニウム箔や新聞紙を使った実験

アルミニウム箔や新聞紙は、折り曲げたり丸めたり、細かくちぎったりしやすい。

軽いので、重さ比べをするときには、電子てんびんを使う。

（上木朋子）

10　ものと重さ

# 同じ体積のものの重さを調べる

**ねらい**

同じ体積でも重さの違うものがあることに気づかせる。

**よくある失敗**

同じ体積にして比べる意義がわからない。

**コツ**

どちらが重いかというクイズで興味をもたせる。

## 1　鉄と綿ではどちらが重い？

「問題を出します。よく聞きなさい」と前置きして、発問する。

| 指示　鉄１キロと綿１キロではどちらが重い？ |
| --- |

鉄、綿、同じのどれかに挙手させる。鉄に手をあげる児童がいる。「もう一度聞きます」と、くり返して発問する。

何度かくり返しても「鉄」に挙手する児童がいる。鉄と綿のように物質による重さの違いを比べるときに、同じ体積ならという前提があるからだ。

POINT! **体積を同じにして比べることに気づかせる**

## 2　同じ体積で材質の違うものを比べる

市販の「ものの重さ比較実験セット」を各班に用意する。

（左から）鉄・アルミニウム・プラスチック・ゴム・木

**指示**　同じ体積のいろいろなものを手に持って重さを比べます。軽いと感じた順にノートに記録してから、はかりで重さをはかりなさい。

## 3　塩と砂糖の重さ比べ

**発問**　塩と砂糖の重さ比べをします。どうやって同じ体積にしますか？

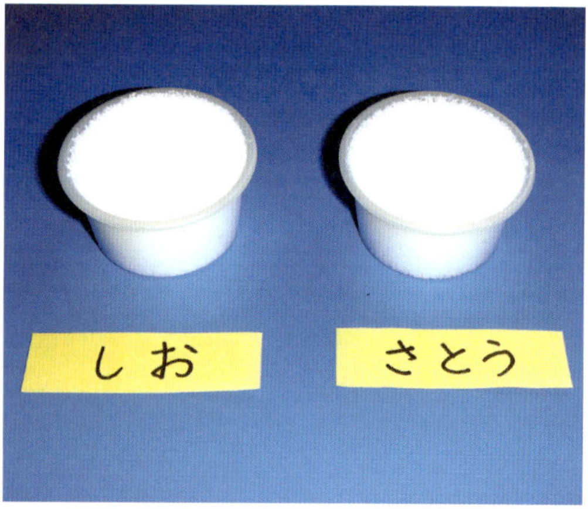


スプーンや計量スプーンを使うという意見が出る。量が少ないと差がはっきりしないので、プリンカップにすり切りで入れてはかることを伝える。「すり切る」のを見たことがない児童が多いのでやって見せる必要がある。

容器に調べるものを山盛りに入れ、軽くトントンと机に当てて隙間を減らす。さらに山盛りにしてから、割りばしですり切る。

### ＋α　封筒に入れた物を予想してあてる

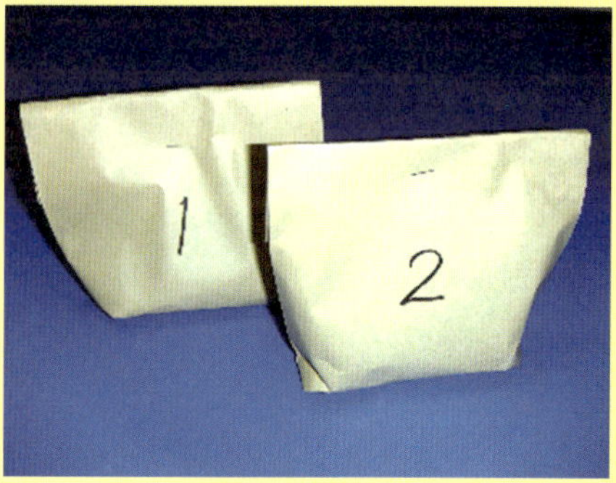


①「ものの重さ比較実験セット」から1つずつ封筒に入れて番号を書く。
②封筒を持った重さで、中に何が入っているかを考えさせる。
③封筒をあけて中を確かめさせる。

DIGITAL　TOSSランドNo.5846406「ものの重さ比べは視覚情報を制限して行う」

（上木朋子）

# 4年生編

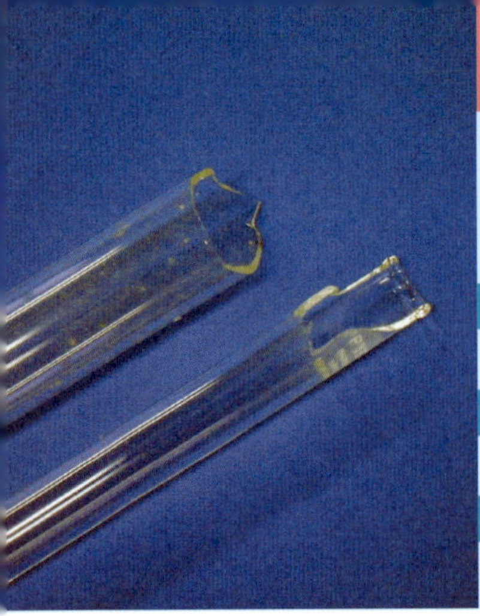

0 理科の授業を始める前に

# 起こりやすい事故例とその対策

**ねらい**

安全に観察・実験を行う。

**よくある失敗**

けがをしたり、器物を破損したりする。

**コツ**

観察・実験中に起こりやすい事故を知っておく。

## 1　加熱器具を使うときの事故

### （1）水を熱したときの変化、金属の体積変化、温まり方を調べる実験

熱した実験器具（金属球、スタンド、試験管、ビーカーなど）に触り、やけどをする。

火に近づきすぎて、長い髪を焦がしたり、服に燃え移ったりする。

沸騰した水があふれ出し、やけどをする。

①実験器具が冷めるまで触らせない。

②児童の前髪をピンで留めさせたり、ヘアゴムで縛らせたりする。

③フリースなどの起毛の服は引火しやすいため、着替えさせる。

④火に近づきすぎない。

⑤沸騰石を入れる。

### （2）水の温まり方を調べる実験

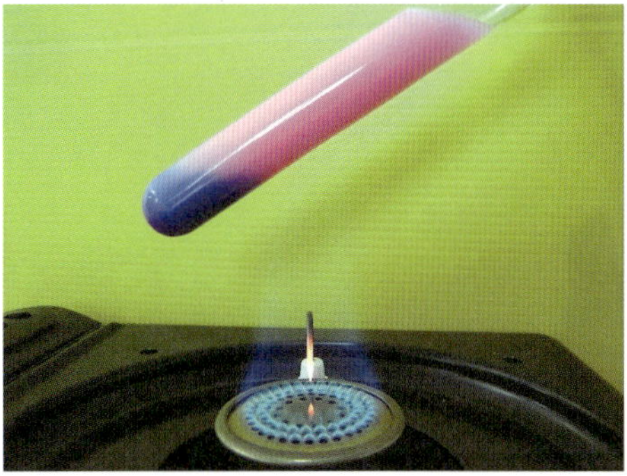

水の温まり方を調べる実験

**沸騰した水がかかり、やけどをする。**

①試験管の口を人がいる方に向けない。
②加熱中は試験管をのぞかない。
③沸騰する前に火から離す。
④保護めがねをかける。

## 2　ガラス器具使用上の事故

### （1）水が凍るようすを調べる実験

水が凍るようすを調べる実験

**氷で温度計や試験管が割れる。**

①温度計や試験管で氷をかき混ぜない。
②事前に氷を細かく砕いて使う。

### （2）その他の留意点

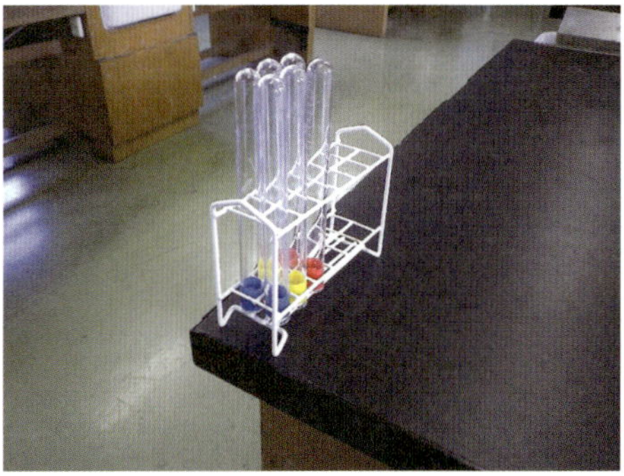

机の端に器具を置くと倒すことがある

①机の端に置いた器具を倒すことがあるので、机の中央に置いて実験させる。
②ひびが入っていないか、事前に確認する。
③割れたときは必ず報告させる。破片はほうきで掃いたり、粘着テープに貼りつけて処理する。
④ガラス器具は衝撃に弱いので、流し台などにぶつけないよう注意させる。

（岡本雄太郎）

## 1　季節と生物

# 生き物の季節の変化を捉える

**ねらい**

季節の変化がわかるように観察し、記録させる。

**よくある失敗**

対象物を変えると、季節の変化を比較できない。

**コツ**

同じ木を観察させる。

## 1　自分の木を決めさせる

> **指示**　春・夏・秋・冬の４回観察します。自分の木を決めなさい。

同じ木を観察するため、「自分の木」を決めさせる。「自分の木」を決めることで、児童が愛着をもち、意欲的に観察することができる。

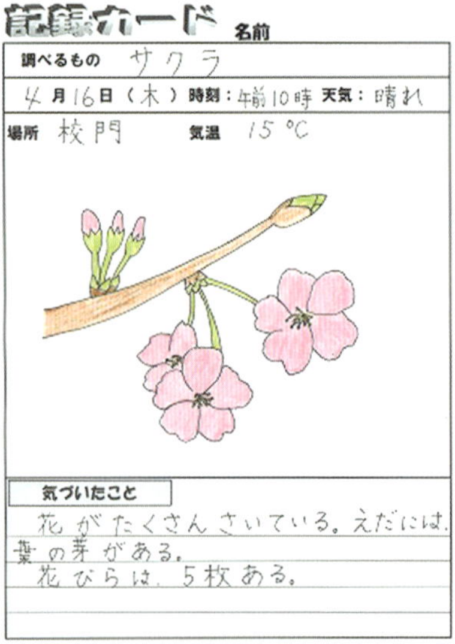
記録カード　名前
調べるもの　サクラ
4 月 16 日（木）　時刻：午前10時　天気：晴れ
場所　校門　　気温　15 ℃
気づいたこと
花がたくさんさいている。えだには、葉の芽がある。
花びらは、5枚ある。

### ４回記録し、残しておく

季節の変化を捉えさせるため、春・夏・秋・冬の４回記録したものを残しておく。

記録カードには、必ず「調べるもの」「月日」「時刻」「天気」「場所」「気温」を記入させる。

記録カードは、連結させたり透明フォルダーに入れて掲示したりすると、紛失せず残しておくことができる。

## 2　3月の授業で記録を並べる

**指示**　4回観察した記録カードを順番に並べなさい。

3月の授業では、記録カードを季節ごとに並べることで、季節の変化を捉えさせる。

【春】

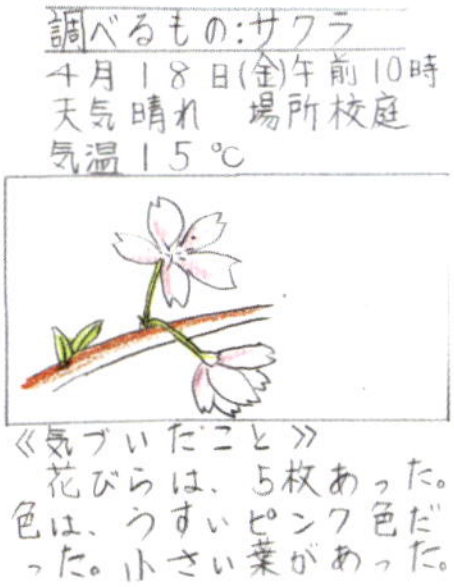


【夏】

【秋】

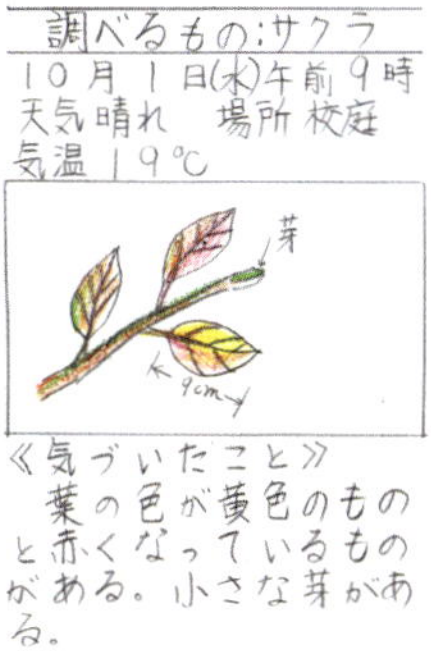


【冬】

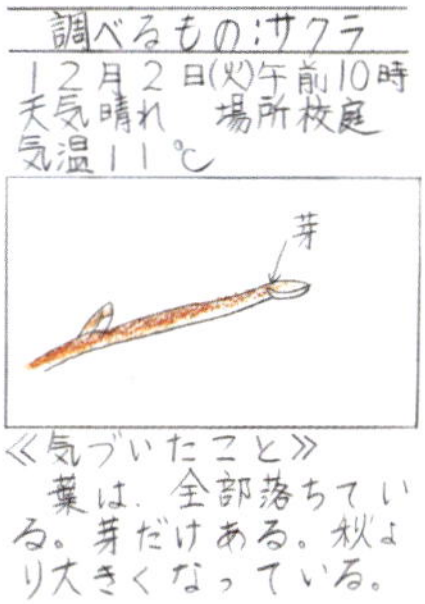


### 季節の変化を言葉でまとめる

春……花が咲いた。

夏……花はないが、緑色の葉がたくさんあった。

秋……葉が赤くなって、落ちた。

冬……葉がほとんどなくなった。

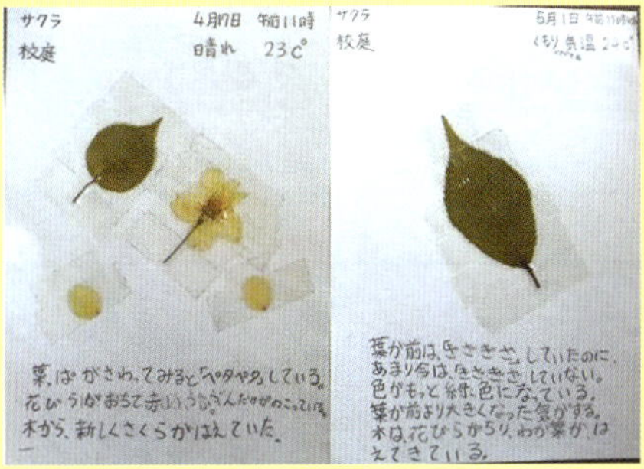


### 葉や花の本物を貼りつけてカードにする

幅広の透明粘着テープなどで実物を貼りつけてカードにする。教室に掲示しているうちに乾燥し、押し花になる。

（尾川智子）

1 季節と生物

# 植物の成長を観察する

**ねらい**

植物がどれくらい成長したかを観察させる。

**よくある失敗**

「大きくなった」と一言で終わってしまう。

**コツ**

視点を与えて数や大きさを記録させる。

## 1　変化に注目させて記録させる

種をまいてから、1週間から10日ごとに観察して記録する。タイミングとしては、子葉が出たころ、本葉が3～5枚になったころを逃さないようにする。本葉が3～5枚になったら、ポットから花壇や畑に植え替える時期である。

> **指示**　この前観察したときと比べてどんな変化がありますか。できるだけたくさん書きなさい。

観察の際には、前とどう変わったかを比べさせる。

**児童の声**

- 芽が出ています。
- つるが伸びています。
- 何枚も葉っぱが出ています。

## 2　茎の長さや気温をはかって記録する

> **指示**　葉の枚数、葉の大きさ、茎の長さを調べてノートに書きなさい。

ノートに表を書いて記録する。班で1つの苗について協力して長さをはからせる。葉の大きさは、一番大きな葉の長さをはかる。

いつも同じ苗で比べて調べるように、根元にラベルをさしたり、茎にひもを縛ったりして目印にする。

スケッチは、葉の数や大きさ、茎の長さに着目させて描かせる。

| | 葉の数 | 葉の大きさ | 茎の長さ |
|---|---|---|---|
| ヘチマ | 4まい | 8cm | 18cm |
| ヒョウタン | 5まい | 7cm | 19cm |

### 観察のたびに気温をはかり記録する

植物の成長のようすと気温、季節の変化を関連づけられるようにする。

## 3　植え替えたあとの植物の成長を調べる

発問　茎のどの部分が一番伸びますか。
　ア　下の方　　イ　真ん中　　ウ　上の方　　エ　全体的に

予想させてから、茎に油性ペンで2cmごとに印をつけさせる。

1～2週間後、印の間隔を測定する。

葉の枚数や葉の大きさについても観察させる。

### 植物の成長をグラフにする

茎の長さの変化を棒グラフにすると、変化がわかりやすい。グラフにしたあと、植物の成長と気温の関係について話し合い、「植物」「成長」「気温」という言葉を使ってまとめさせる。

（尾川智子）

2　天気のようす

# 気温を測定して記録する

**ねらい**

1日の気温の変化を測定しグラフに書かせる。

**よくある失敗**

1時間ごとに継続して測定することが難しい。

**コツ**

休み時間を利用して継続測定させる。

## 1　晴れの日に1時間ごとに気温を測定する

### 測定しやすい時刻を教師が示す

時間割表にあわせ、教師が測定時刻を決める。

1回目の測定は、一斉指導で行い、正しく測定できているか確認する。2回目以降は休み時間等に測定できるように設定する。

測定はいつも同じ場所にする。測定するごとに天気も記入させる。

4/20

晴れの日の気温の変化のしかたを調べる

〈よそう〉12時ごろにいちばんあたたかくなると思う

休み時間に測定しやすい時刻を設定する。

〈結果〉

| 時こく | 気温 | 天気 |
| --- | --- | --- |
| 8：30 | 16℃ | ☀ |
| 9：30 | 17℃ | ☀ |
| 10：30 | 18℃ | ☀ |
| 11：30 | 20℃ | ☀ |
| 12：30 | 22℃ | ☀ |
| 1：30 | 23℃ | ☀ |
| 2：30 | 21℃ | ☀ |
| 3：30 | 19℃ | ☀ |

### 児童の声

- さっきの休み時間より2℃温度が上がって暖かくなったよ。
- 12時半より1時半の方が温度が高かったよ。

## 2　折れ線グラフは新出事項である

測定結果を棒グラフに書かせる。その後、同じ用紙に折れ線グラフを書き加えさせるため、次のような指示を出す。

**指示**　棒グラフの棒上の真ん中に点を書き、直線で結びなさい。

### 棒グラフを書かせたあと、作業で折れ線グラフを教える

棒グラフの上に折れ線グラフを書き加える。

折れ線グラフは、変化のようすを表すのに適したグラフであることを教える。

雨の日や曇りの日も同じように観測し、折れ線グラフを書かせる。

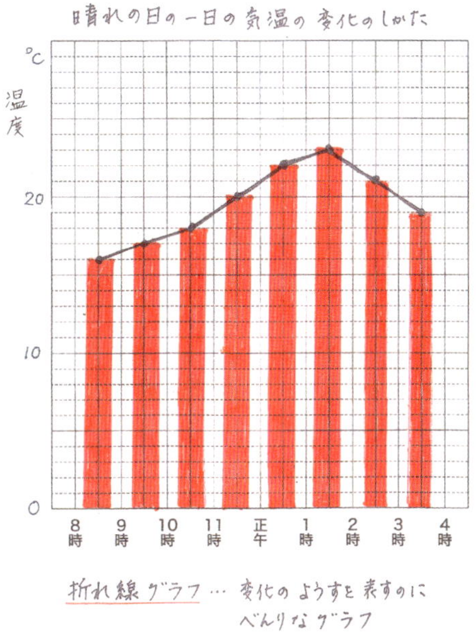


#### 児童の声

- 折れ線グラフの書き方がわかった。雨の日はどうなるかな。
- 折れ線グラフで書くと変化のようすがわかりやすいね。

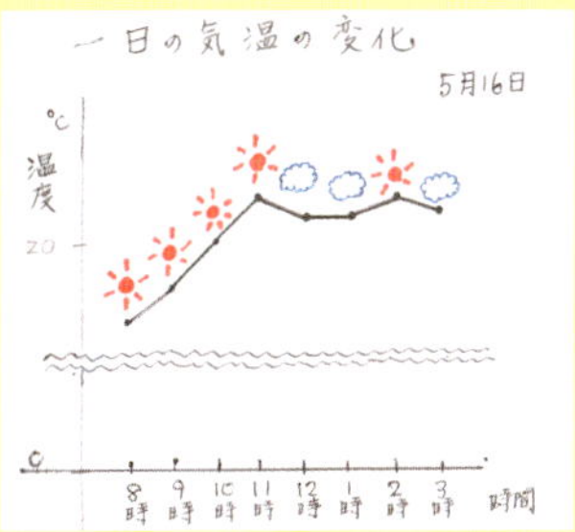


#### ＋α　途中で天気が変わった日のデータ

天気が安定せず、朝は晴れていたが途中で雲が出てしまうことがある。グラフに天気を書き加えると天気と気温の変化を関連づけて考えさせることができる。

（森泉真理）

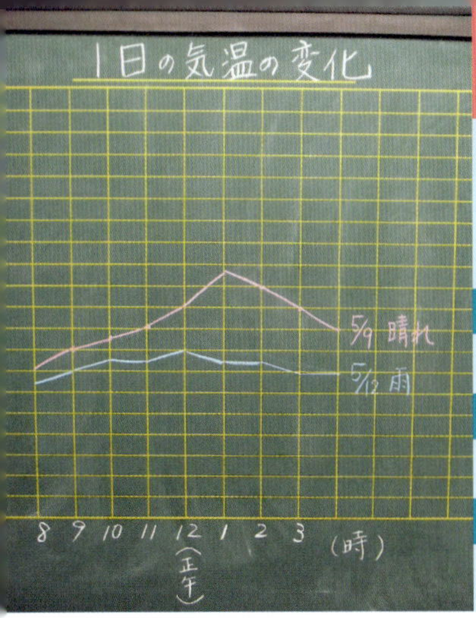


2 天気のようす

# 晴れの日と雨の日のグラフを比べる

## ねらい

晴れの日と雨の日のグラフの特徴に気づかせる。

## よくある失敗

２つのグラフを比べるのが難しい。

## コツ

グラフを重ねて書き、気づきを発表しあう。

## 1　晴れの日のグラフと雨の日のグラフを１つに重ねて書く

**指示**　晴れの日のグラフを赤線で、雨の日のグラフを青線で書きます。

①教師が黒板で示しながら「晴れの日のグラフ」を赤で書く。

②グラフを指でなぞらせる。「何の形に似ていますか」と問う。（山の形など）

③「最高気温は何度ですか？またそれは何時ですか？」と問う。

④同じグラフの軸に「雨の日のグラフ」を青で書く。

⑤曇りの日を加えてもよい。

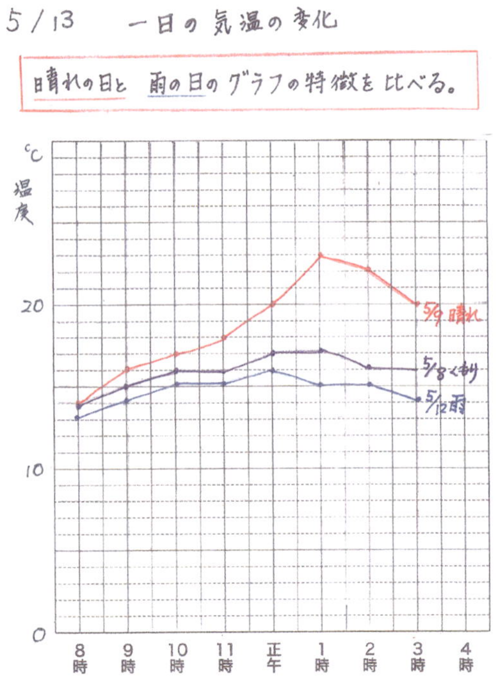


### 同じ用紙にグラフを重ねて書かせる

縦軸、横軸、目盛りを書いたグラフ用紙を用意する。書いたグラフは、ノートの左ページに貼らせる。

## 2 「わかったこと・気づいたこと・思ったこと」を箇条書きさせる

**指示** 2つのグラフを比べて「わかったこと・気づいたこと・思ったこと」をノートの右ページに箇条書きにしなさい。

たくさん書いた児童をほめるとさらに熱中して書く。

「3つ書けたら持って来なさい」と指示し、ノートチェックをして黒板に箇条書きさせる。

書けない児童は黒板をヒントにして書いてよいと伝える。

### 児童の声

- 晴れの日の気温は大きな山のような形に変化した。雨の日は平たくつぶれた形になった。
- 折れ線グラフでは、違う天気の日のようすを比べやすいね。

〈わかったこと・気づいたこと・思ったこと〉

・晴れている日の方が気温が高い

・晴れている日は 朝・夕と昼の温度の差が大きい

くもりの日
雨の日は昼になってもあまり気温が上がらない

・晴れの日は 1時すぎに一番温度が高くなる

・晴れの日のグラフは 山の形　くもりの日 雨の日は たいら

・晴れの日に温度が高くなるのは 日光の力だろう

〈まとめ〉

晴れの日の 1日の気温は 山の形に大きく変化するが、雨の日やくもりの日は あまり変化しない

### 記録温度計データの読み方を教える

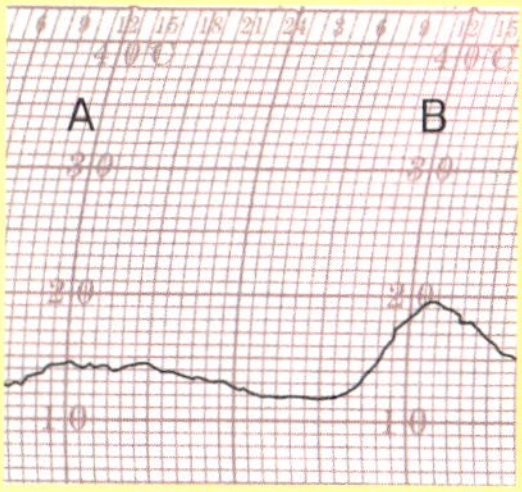


記録温度計を使うと、一週間の気温がグラフの形に記録される。教科書や問題集に左のような記録データが掲載されている。「○日○時の気温は？」「一日のうちで一番暖かかったのは？」などと問い、データの読み方を教える。

左のAとBでどちらが晴れかを問う。

（森泉真理）

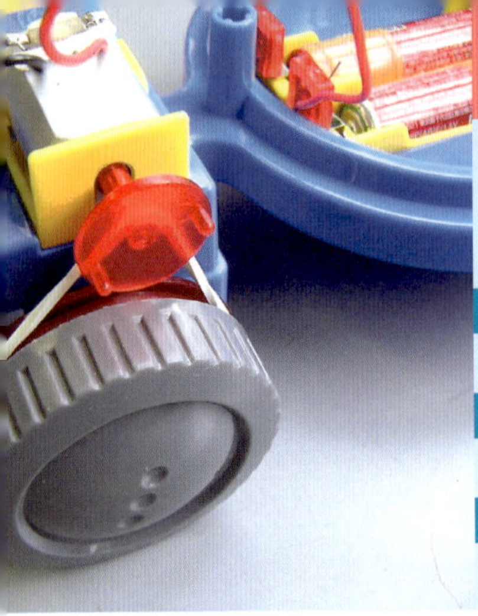

3 電気のはたらき

# 乾電池でプロペラを回す

**ねらい**

実験セットを使い電気のはたらきを調べさせる。

**よくある失敗**

部品をなくす。実験の時間差ができる。

**コツ**

使う部品のみ用意する。ミニ先生をつくる。

## 1　市販の実験セットの扱い方

### 一度に使う部品を少なくする

本単元は、市販の実験セットを利用することが多い。さまざまな部品が入っているので、児童が「部品をなくす」、「箱の中に再び全部収めることが難しい」などの問題点がある。そこで、教師が部品を種類ごとに集めてしまう。

指示　実験で使う部品以外は、種類ごとに集めます。

部品の名前を復唱させながら集める。名称が覚えられるので、実験しやすくなる。導線、モーター、乾電池ボックスなどの部品だけを児童の手元に残す。

## 2　時間差を減らし実験をたっぷり行う

### できた児童を先生役にする

作業の手順は、スモールステップで指示する。

導線のビニル被覆を爪でつまんで剥くことは難しい。そのため、早くできる児童と遅い児童とで時間差ができる。早くできた児童に次のように指示する。

**指示**　ビニル導線を１本剥いたら、まだの子に剥き方のコツを教えなさい。

「１本目」で教えるので、差はあまり広がらず、同じ歩調で進められる。

同様に以下もスモールステップで確認しながら進める。

① 15cmのビニル導線を２本作る。(両端を剥く)
②乾電池ボックスを組み立てる。
③スイッチを組み立てる。

これで、実験の準備ができる。

モーターでプロペラを回す実験

## 実験の時間をたっぷりとり、自由に試行させる

**指示**　乾電池１つ、モーター、導線を使ってプロペラを回しなさい。

実験の時間を約20分たっぷりとる。(自由試行)

プロペラの向きを変えることで飛ばすことができた児童、乾電池の向きを変えるとプロペラの向きが変わることに気がついた児童など、発見した児童をほめる。ほめながら、この活動のあと、気づいたことを黒板に書かせ、発表し合うことで、実験からわかったことなどを共有化できる。

プロペラを回す、飛ばす実験

(関澤陽子)

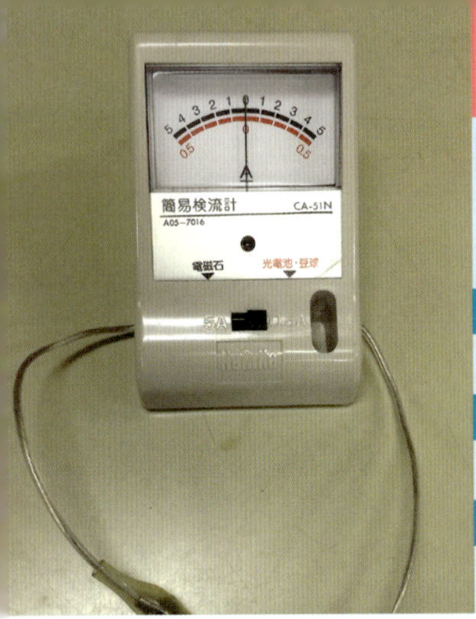


# 3 電気のはたらき

## 簡易検流計を使って電流をはかる

**ねらい**

検流計を正しく使用できるようにする。

**よくある失敗**

違う目盛りを読んでしまう。

**コツ**

スイッチを確認して、目盛りを読ませる。

### 1　簡易検流計の使い方

#### 事前に針が0を指していること確認する

簡易検流計は、電流の大きさを調べる計器である。電流が流れると針が振れる。

針の振れる向きで電流が流れる方向がわかる。簡易検流計は操作が容易なため、児童にとって扱いやすい。

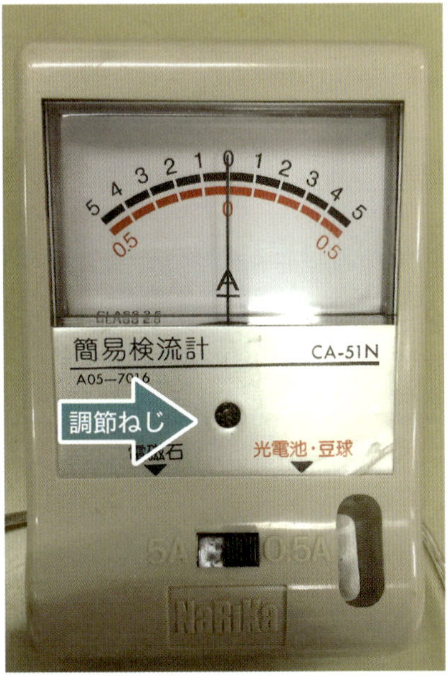


【使う前の確認】

検流計の針が0を指していることを確かめる。指していないときは、ドライバーなどで調節ねじを回し、針を0にあわせる。

#### 検流計だけを乾電池につなⅠがない

> **指示**　検流計を壊さないようにするために、必ず、乾電池とモーター（または豆電球）の間に検流計をつなぎなさい。

### 切り替えスイッチを指さし確認させる

検流計には、切り替えスイッチがある。豆電球のときは「豆球」側（0.5 A）に、モーターのときは「電磁石」側に（5 A）入れる。

実験で電流を流す前に指さし確認をさせる。

電流の大きさの見当がつかない場合、切り替えスイッチは「電磁石」側に入れる。

針がほとんど動かないときは、スイッチを「豆球」側に切り替える。

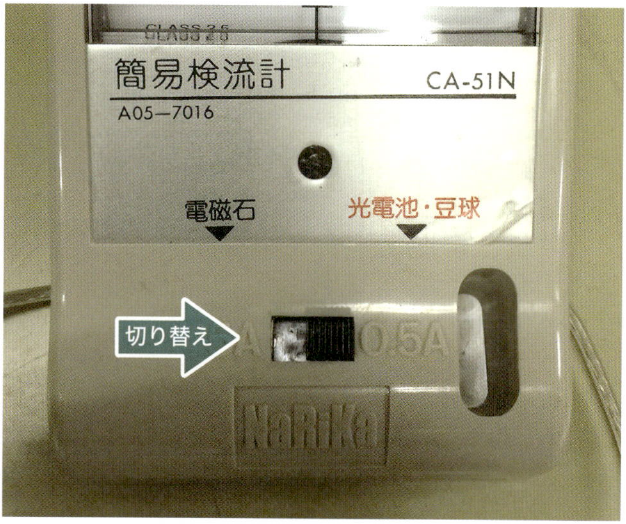


## 2　目盛りの読み方

### 切り替えスイッチにより１目盛りの大きさが違う

目盛りは、中心を0にして左右それぞれ5までついている。

切り替えスイッチを0.5 Aにすると、１目盛りが0.1 Aになる。５Aにすると、１目盛りが１Aになる。

読み方を指導し、回路を作ったときの数値を記録させる。

（前川 淳）

3 電気のはたらき

# 直列つなぎと並列つなぎを比べる

### ねらい

直列つなぎと並列つなぎの特徴を理解させる。

### よくある失敗

回路が作れない。並列の特徴が実感できない。

### コツ

乾電池なしで回路を作る。電流を水に例える。

## 1　並列つなぎを作るときのコツ

**回路を作ってから乾電池をセットする**

回路を作る途中で、乾電池の向きを間違えてショート回路ができてしまうことがある（下図）。乾電池と導線が熱くなり、やけどの危険がある。

次のように指示することで、失敗を減らすことができる。

> 指示　乾電池なしで回路を作り、回路ができたら電池ボックスに乾電池を入れなさい。

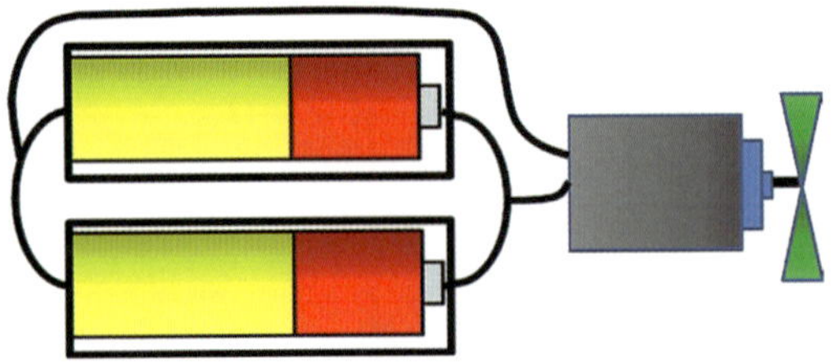

作ろうとする並列つなぎ

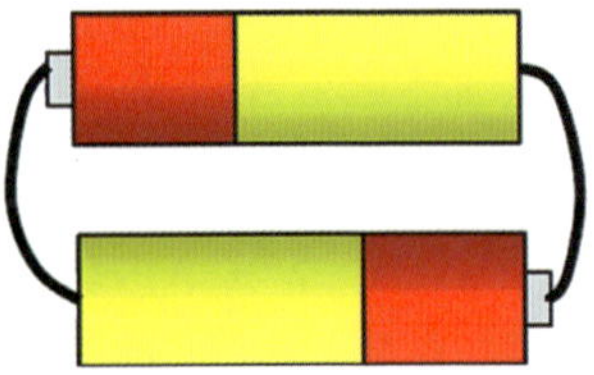

乾電池の向きを間違えショート回路になる

## 2　直列つなぎと並列つなぎのちがい

直列つなぎと並列つなぎの違いは、モーターの回る速さなどで実感できる。児童は、「直列つなぎは、モーターが速く回る。でも、並列つなぎは、どこによさがあるのか」と疑問に思う。

### 電流を水流に例えて説明する

「並列つなぎにすると電池がはたらく時間が長くなる。電池の持ちがいい」と説明してもわかりにくい。次のように電流を水流に例えて説明すると理解しやすい。

直列は、水が一気にたくさん流れる。→電流は大きいがはたらく時間は短い。

並列は、水は少ないが長く流れる。→電流は小さいが長くはたらき続ける。

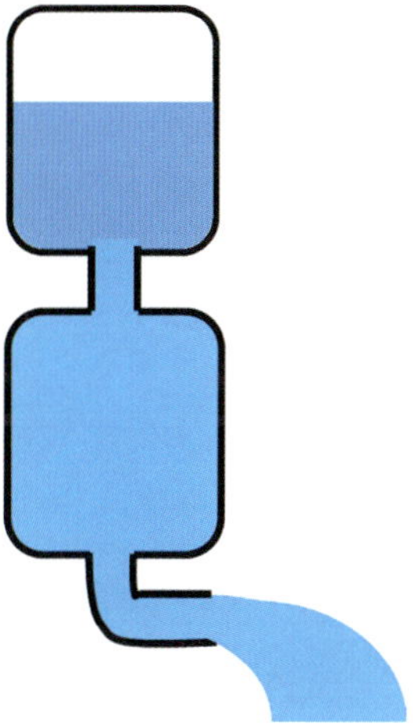

直列つなぎ

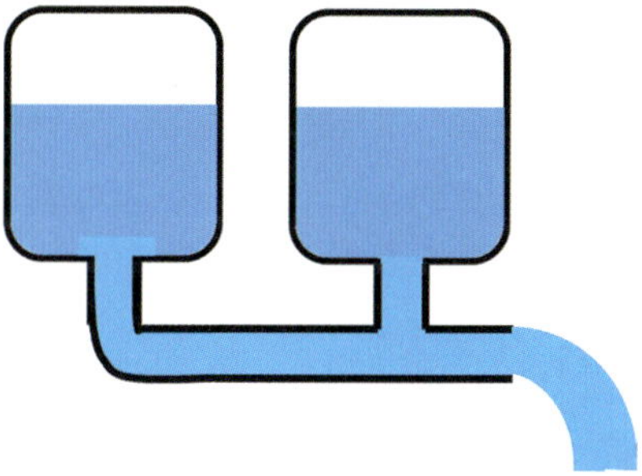

並列つなぎ

【参考文献】小森栄治『子どもが理科に夢中になる授業』（学芸みらい社）

【参考サイト】TOSSランドNo.5267631「直列と並列の電流を検流計で調べよう」

（関澤陽子）

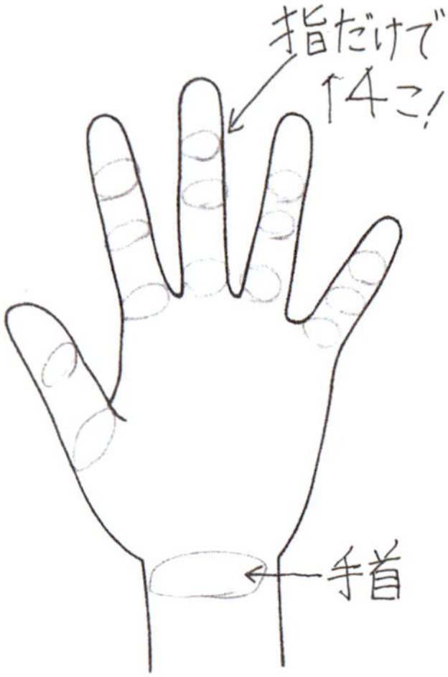




# 体を動かして関節を調べる

**ねらい**

体に骨や関節がたくさんあることを実感させる。

**よくある失敗**

骨や関節は、見えないので意欲が高まらない。

**コツ**

関節の数を予想してから調べさせる。

## 1　関節の数を予想させる

**関節の数を予想させることで調べる意欲を高める**

| | |
|---|---|
| 発問 | 体の曲がる所（関節）は、どのくらいありますか。<br>ア　約50個　　イ　約100個　　ウ　約200個　エ　それ以上 |

挙手させて確認する。予想してから調べると、数の多さを実感することができる。答えは、エ　で約260個の関節がある。この段階では答えを教えず、次のように調べさせる。

## 2　自分の体を動かして調べさせる

次ページのようなワークシートを配る。

| | |
|---|---|
| 指示 | 体の中で曲がる所（関節）を調べ、図に丸をつけなさい。 |

**児童の声（ワークシートを書いたあとの児童の発表より）**

- 思ったよりたくさんの関節があった。
- 親指だけ曲がり方が他の指とちがっていた。
- 背骨は、関節の数がよくわからない。
- 大きく曲がる所と少ししか曲がらない所がある。

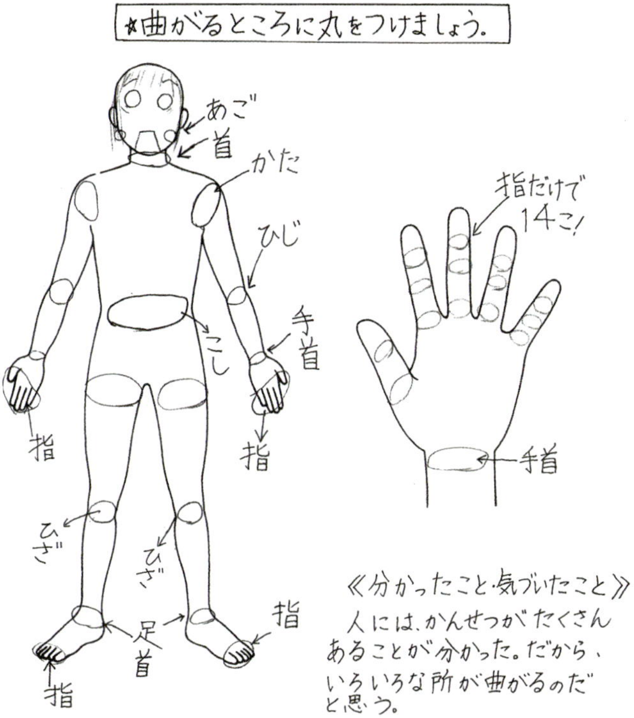


ワークシートの例

発表後、教科書にある骨格図の関節を数えさせる。

班ごとに体のどの部分を数えるかを分担するとよい。

骨格が左右対称であることにも気づく。

この活動のあと、「すごい」「こんなにあるの？」と驚きの声があがる。

この驚きが、実感につながる。

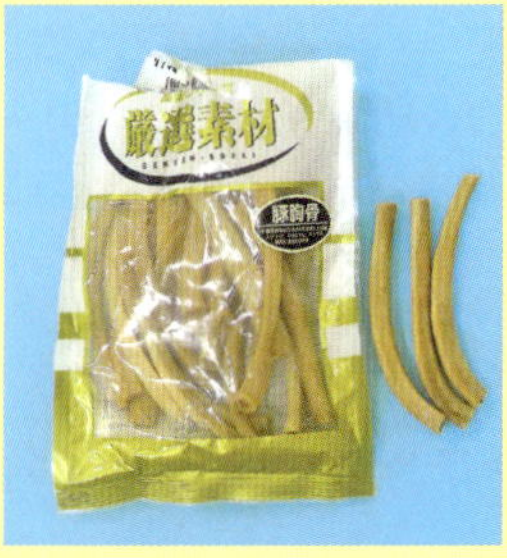


### +α《プラスアルファ》 ペットフードの骨を使う

ペットショップで飼い犬用に豚や牛の骨を販売している。

実物の骨を見て、硬さや手触りなどを実感できる。

（関澤陽子）

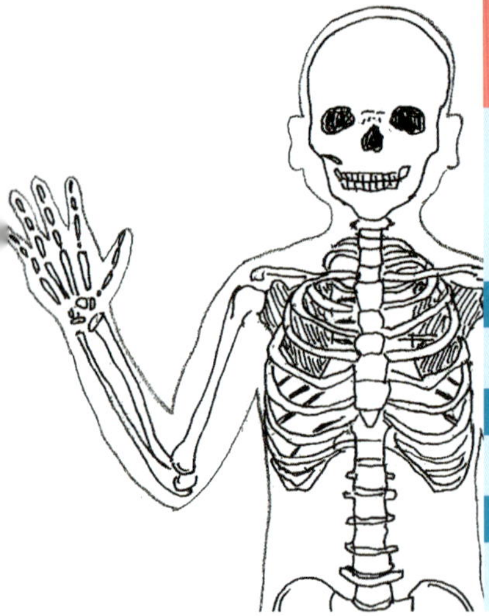

4　人の体のつくりと運動

# 骨や関節の特徴をつかませる

**ねらい**

人の骨格の特徴を見つけさせる。

**よくある失敗**

骨格のこまかな特徴に気づかない。

**コツ**

教科書の骨格図を直写させる。

## 1　人の骨格の特徴を調べる

骨格図をトレーシングペーパーに直写する作業は、どの児童も真剣に細かな部分まで熱心に取り組む。写すことで骨格の特徴をつかめる。

> 指示　トレーシングペーパーに教科書の全身の骨の図を写しなさい。

### セロハンテープで留めて、ずれを防止する

トレーシングペーパーをセロハンテープで教科書に貼ることで、ずれることなく作業に集中できる。

> 指示　写してみて、わかったこと、気づいたこと、思ったことをできるだけたくさん、箇条書きでノートに書きなさい。
> 3つ書けたら持って来なさい。

全身の骨の図を写し終わったあと、このように指示しノートに書かせる。

## 2　黒板に書いて共有化する

教師は、児童が持ってきたノートに、丸を付けながら「すごい！よく調べたね。」「よく気が付いたなあ。」とほめ続ける。そして、黒板に一人1つずつ書かせ共有化する。

### 児童の声

- 指には、たくさんほねがある。
- 親指だけ、１本ほねが少ない。
- 曲がる部分は丸いボールみたい。
- 胸には、カーブしたほねがある。
- 曲がらない所は、まっすぐだ。
- 背中は細かいほねがたくさんならんでいる。

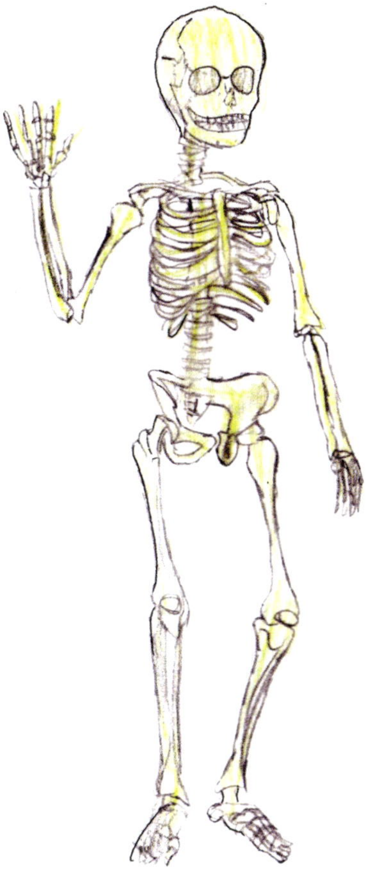

骨格を写し取ったもの

児童の意見から、骨格の特徴を次のようにまとめる。

- 曲がる部分を関節といい、骨と骨をつないでいる。
- 頭や胸の骨の形は、丸い所があり大事なものを守っている。
- 指や背骨など、細かな動きをするところは、たくさんの骨がある。

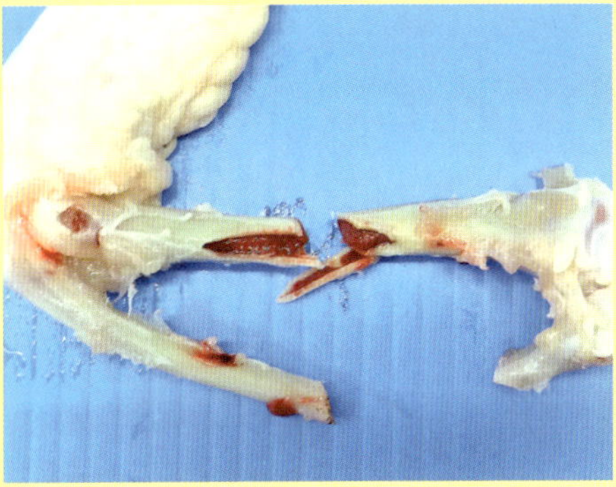

### +α《プラスアルファ》 骨の中を見る

手羽先肉の骨を折ると、骨髄が見える。血管があるようすがわかる。骨随で血液が作られている。
※ニワトリの骨は縦に裂ける。素手で折るのは危険。ペンチなどを使う。

（関澤陽子）

# 4　人の体のつくりと運動

## 筋肉モデルを作る①

### ねらい

筋肉のはたらきと関節との関わりを理解させる。

### よくある失敗

筋肉の「ちぢむ」「ゆるむ」と骨の動きが結びつかない。

### コツ

モデルを動かすことで筋肉の動きがわかる。

## 1　材料を準備する

腕の筋肉のモデルを使って学習すると筋肉の動きとそのはたらきを理解しやすい。百円ショップやホームセンターにある材料で簡単に作ることができる。

事前に教師が班に１つずつ作っておく。時間があれば児童に作らせてもよい。

【用意するもの】

- ぬいぐるみ用の綿（約200ｇで40～50個分の筋肉ができる）
- 園芸用ビニタイ（長さ12cm位に切ったものを５本作る。最初から切ってあるタイプを買うと簡単である）
- ストッキング（１足で筋肉が８個できる）

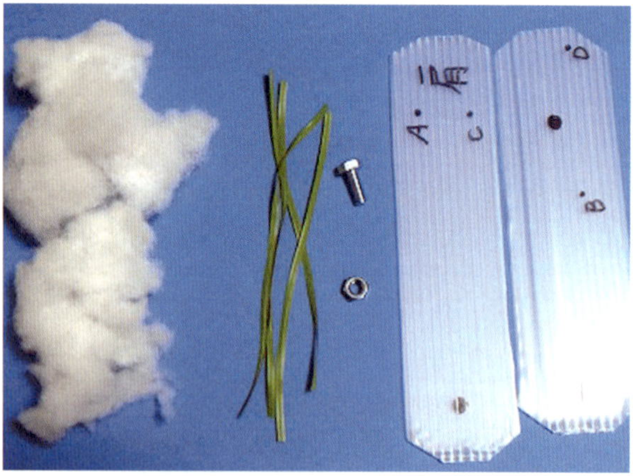

筋肉モデルの材料

- 半透明のプラスチック段ボール（約60cm × 90cm　厚さ４mmの板から、40～50枚取れる）
- ボルトとナット（トラス小ねじＭ６× 15とそれに合うナット）

## 2　ストッキングで筋肉を作る

### 筋肉の大きさは、ストッキングに詰める綿の量で調整する

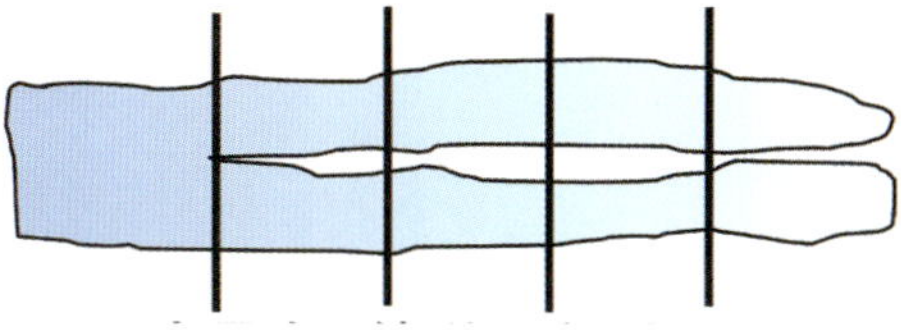

片足を４等分に切る

【作り方】

①ストッキングの片足を約 15cm ずつ４等分に切る。

②片方をしばる。

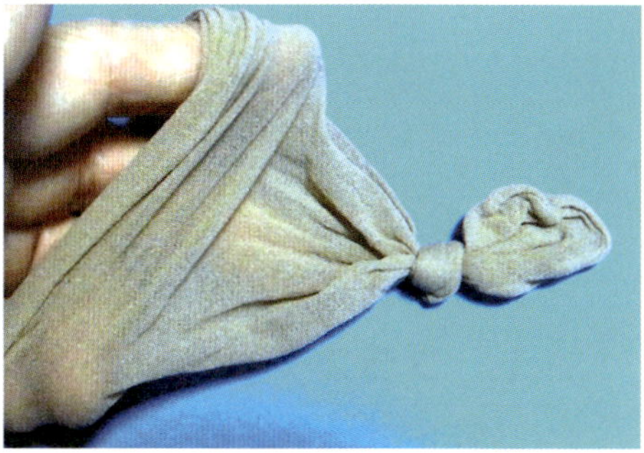

片方をしばる

③大きめの卵ぐらいの大きさの綿を入れる。入れすぎると、細く伸びにくい。２つの筋肉のうち、綿を１つは多め、１つは少なめにする。多めの方が、腕の上の筋肉、少なめの方が腕の下の筋肉になる。

④閉じてしばる。あまり端をしばりすぎると、筋肉がたるむので注意する。筋肉を引っ張って、伸び縮みのようすでしばり方や中の綿の位置などを調節する。

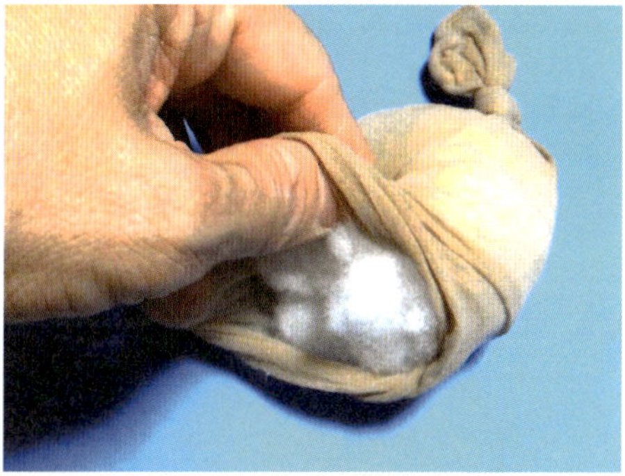

綿を入れる

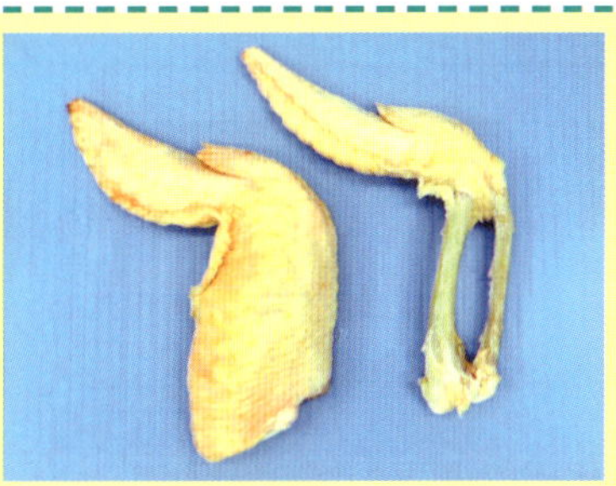

### ＋α 手羽先で関節の観察

ニワトリの手羽先を使い、関節のつくりを実物で学ぶことができる。

【参考サイト】TOSS ランド　№ 3870137「筋肉モデルを作ろう」

（関澤陽子）

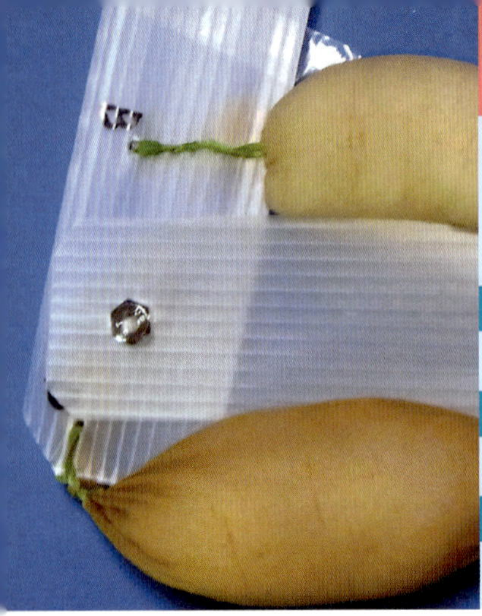

4 人の体のつくりと運動

# 筋肉モデルを作る②

**ねらい**

筋肉のはたらきと関節との関わりを理解させる。

**よくある失敗**

筋肉の「ちぢむ」「ゆるむ」と骨の動きが結びつかない。

**コツ**

モデルを動かすことで筋肉の動きがわかる。

## 1　プラスチック段ボールで骨を作る

透明プラスチック段ボール（厚さ4mm）を縦4cm×横17cmに2枚切りとる。拡大した型紙の上に切り取った板を置く。A～Dと※の印やその他の文字を写し取る。板が透明なので、印や文字が写しやすい。

### 型紙を使う

印刷した型紙（下図）の上に、透明プラスチック段ボールを重ね、油性ペンで写し取らせる。

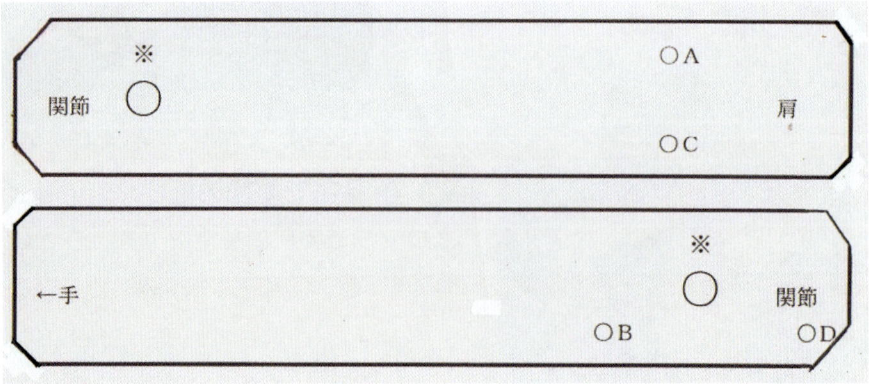


骨の型紙（1.5倍に拡大コピーしてお使いください）

【作り方】

①穴をあけ、骨をボルトとナットでとめる

プラスチック板のA～Dと※の印の部分に、鉛筆で穴をあける。特に※は、ボルトが通るくらいの穴をあける。ボルトを通し、ナットでとめ、２枚の板を組み合わせ関節を作る。

②筋肉の両端にビニタイをつける

両方の結び目の内側にビニタイをねじってつける。筋肉を骨に結びつける腱にあたる。

③筋肉を骨に固定する

腕の上側になる筋肉（綿が多い方）のビニタイをAとBの穴に通し、ねじって固定する。同様に腕の下側の筋肉（綿が少ない方）を、CとDの穴に通し、ねじって固定して完成。ねじったビニタイの部分を板の裏側にまとめると、表がすっきりする。

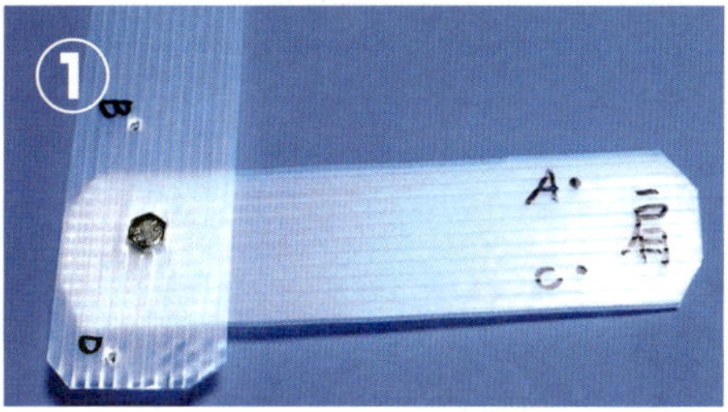

両側にビニタイをつける

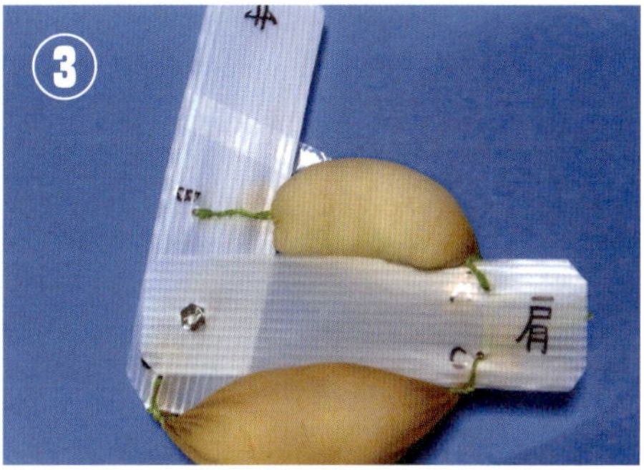


ねじって固定する

## 2　筋肉モデルで学習する

モデルの腕を動かしてみると腕を曲げる時には、上の筋肉が「膨らむ＝縮む」、下の筋肉は「伸びる＝ゆるむ」ということがわかる。腕を伸ばす時には、逆になる。

モデルを動かすことで実感を伴った理解となる。

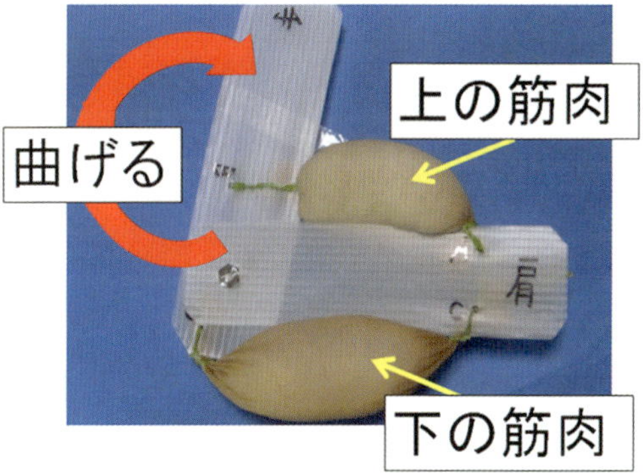


【参考サイト】TOSS ランド　№ 3870137「筋肉モデルを作ろう」

（関澤陽子）

5 月や星の動き

# 月の観察を始める

**ねらい**

月に興味をもたせ観察の意欲づけをする。

**よくある失敗**

月に関する興味・関心が続かない。

**コツ**

毎時間、月齢を確認する。

## 1　理科授業で毎時間、月齢を確認する

「月や星の動き」の単元に入ったら、月に興味をもたせるために、理科係の児童に理科授業が始まる前に、月齢と月の形を板書させる。係が板書した内容を、ノートに書かせる。

### 理科係に「今日の月」を板書させる

日頃から、教室に月齢の入ったカレンダーを掲げておくとよい。月齢カレンダーは、インターネット上にもある。

【参考サイト】国立天文台天文情報センター暦計算室

【ノートの例】　9／8　月れい 13.0　○

## 2　新聞の暦欄から情報を読みとる

新聞の暦欄を切り抜き、印刷して配付する。

**指示**　わかったことや気がついたことをノートに箇条書きにしなさい。

## 児童のノートの例

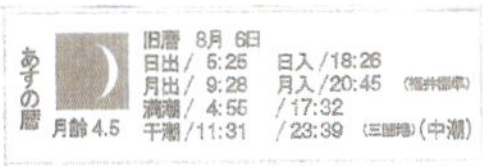
あすの暦
月齢 4.5
旧暦　8月　6日
日出／ 5:25　日入／18:26
月出／ 9:28　月入／20:45
満潮／ 4:55　／17:32
干潮／11:31　／23:39　（中潮）

① あすの月出は、9時28分。
② あすの月入は、20時45分。
③ あすの月齢は、4.5。
④ 月出より 日出の方が 4時間くらい早い。
⑤ 月入は、日入より、2時間20分くらいおそい。
⑥ 満潮は、4時55分と17時32分。
⑦ 干潮は、11時31分と23時39分。
⑧ あすは、旧暦の 8月6日。
⑨ あすの 三国港は、中潮。
⑩ あすの 月の形は、三日月みたい。

新聞のコピーをノートに貼り、わかったことなどを番号をつけて箇条書きにする。

難しい言葉は、辞書で調べさせたり、教師が解説したりする。

夕方、西の空の三日月を観察することを宿題にする。

### 三日月から観察を始める

三日月は夕方低い位置に見えるので、動きを確かめやすい。

### 月の名前

「新月」「三日月」「満月」のほかにも、月には呼び名がある。

満月の翌日の月は、「十六夜月（いざよい）」。満月よりも少し遅い時間に出るので、「ためらう」という意味がある。その次の日からは、「立待月」（立って待つ）「居待月」（座って待つ）「寝待月」（寝て待つ）と、月の出の待ち方が月の名前になっている。

（上木朋子）

5 月や星の動き

# 月の動きを観察する

**ねらい**

月の動きを調べて記録させる。

**よくある失敗**

家に帰って、月の位置をうまく記録できない。

**コツ**

昼に見える月で観察記録の練習をする。

## 1　月の動きを予想する

発問　太陽は東から出て、南の空を通って、西に沈みます。
月は、どのように動くと思いますか。
ア　太陽と同じように動く
イ　太陽とは違う動きをする
ウ　動かない

**児童の声**

- 太陽と月は別々に動くから、動き方は違うと思う。
- 太陽は朝に出て夕方沈むけど、月は違うから、動き方はバラバラだと思う。
- 太陽と月は、違う時間に出るけれど、動き方は同じだと思う。

## 2　昼の月を観察する

授業中に月を観察するために、月齢と月が昼間出ている時刻を調べておく。

**月齢と時刻のタイミングのよい組み合わせ**

①三日月から半月ぐらい（月齢５～８）の月は、午後２時ごろ東から南の空に出ている。向かって斜め右上に移動していくようすが観察できる。

②満月の１週間後ぐらい（月齢22前後）の月は、午前10時ごろ西寄りの空に出ている。向かって斜め右下に移動していくようすが観察できる。

### 月が電線や建物などの目印の近くに見える場所で観察する

前日、観察する時刻の１時間前に月がどのあたりに見えるか下見しておく。その場所に児童を集合させ、次のように指示する。

**指示**　月が電線や建物などの目印の近くに見える場所に立ちなさい。

ノートに目印と月を記録させる。電線に重なった状態で観察を開始すると、10分程度で移動しているようすがわかる。

30分ごとなど一度教室に戻って再度外に出て観察する場合は、立つ位置が変わらないように地面に印をつけておく必要がある。

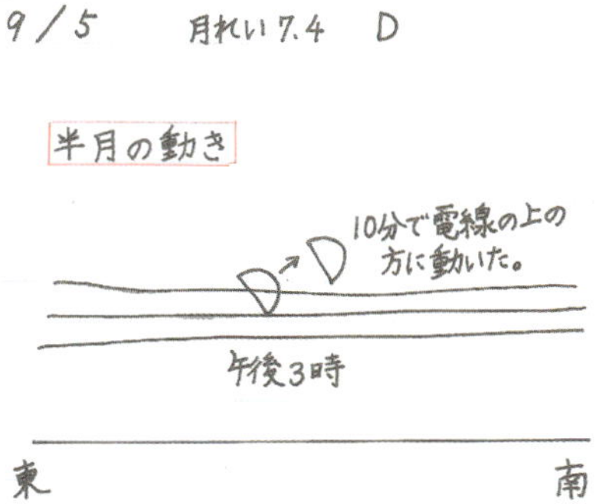


## 3　夜の月を観察する

夜の月の動きを家庭で観察させるには、夕方から夜のあまり遅くならない時間に月が見える時期にする。事故防止のため、大人といっしょに観察させる。

①三日月は、夕方西の空にあり、沈んでいく。
②半月前後の月は、夕方、南の空にあり、西に移動していく。
③満月前後の月は、夕方、東の空から上がってくる。

天体シミュレーションソフトを使い、事前にどの位置にあり、どう動いていくか確かめておくとよい。

### +α 月を双眼鏡で観察する

双眼鏡をビノホルダーという金具を使って、三脚に固定して使うと、児童が観察しやすい。視野の端に月を入れておくと、月が移動しているのが１、２分でわかる。

双眼鏡で太陽を見ると失明する危険がある。児童が双眼鏡を太陽の方に向けないよう注意する。

（上木朋子）

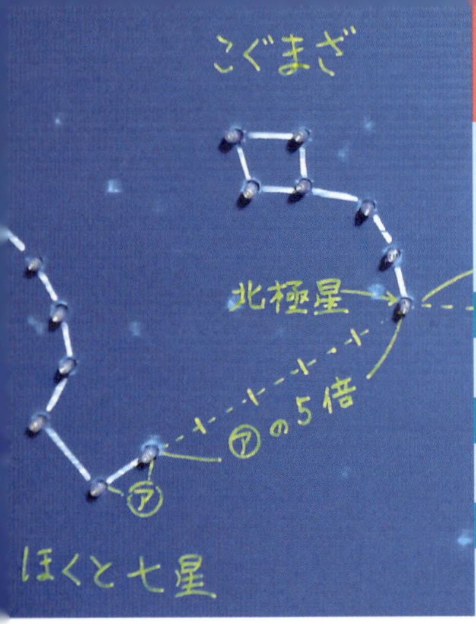


5　月や星の動き

# 星の動きを観察する

**ねらい**

星の位置や並び方を調べさせる。

**よくある失敗**

星座早見がうまく使えない。

**コツ**

「日時」「方位」の合わせ方を十分に練習する。

## 1　観察する方位を向く練習

方位磁針の赤い針に北を合わせ、北の方位を確認する。

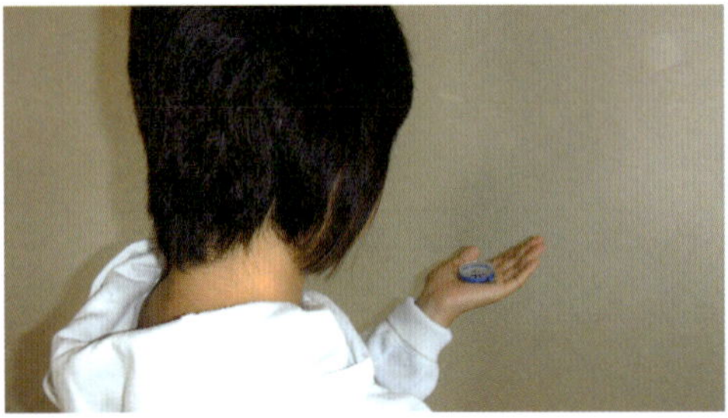

> 指示　方位磁針を手にのせて、
> 南におへそを向けます。

### 練習の回数を確保する

「南」「東」「西」と方位を変えて指示を出す。くり返すことで習得させる。

## 2　星座早見を使う練習

> 指示　①星座早見を言われた日時に合わせます。
> ②星座早見を言われた方位に合わせます。

### スモールステップで使い方の手順を教える

①と②は別々に練習する。手順を細分化して、１つずつ確認しながら教える。

①は、「９月 10 日を探して親指で押さえます。親指のところに午後８時を合わせます。隣の人と確認しなさい」を日にちや時刻を変えて数回くり返す。

②は、「星座早見を持ち東の空を見ます」と指示を出して、持ち方と向きをチェックする。

東の空を見るときには、星座早見の『東』に親指をあて、東が下になるように上方にかざして持たせる。

方角を変えて、くり返し練習する。

## 3　星の観察

指示　家で午後８時頃と午後９時頃に星の観察をします。
星座が電線や建物と重なって見える場所から観察を始めます。
方位と時刻と星座の位置を記録してきなさい。

### 見やすい星座の観察時間や方角を教える

観察の前に、「星座は動くか。動くとしたらどのように動くか」を予想させる。季節によって見やすい星座が違う。教室で、どの方角の何という星座を観察するかを決める。（例：夏なら白鳥座など）

インターネットに「星の動き」の動画があるので、観察後に見せる。

### トレーシングペーパーで星座を写し取る

星座をノートに書くのは難しい。

教科書の星座の絵にトレーシングペーパーをあてて写し取り、ノートに貼り付けると、簡単である。

（上木朋子）

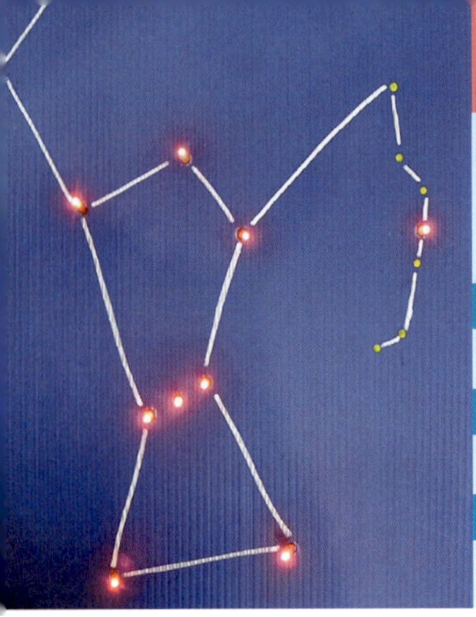

5　月や星の動き

# 教室環境を工夫する

**ねらい**

星座に興味をもたせる。

**よくある失敗**

授業で扱う時数が少なく興味が続かない。

**コツ**

普段目につくところに星座グッズを置く。

## 1　光る星座パネル

クリスマスイルミネーション用のLEDや蓄光シールで光る星座パネルを作れる。暗幕を閉めて理科室を暗くして光らせると児童から歓声が上がる。

裏から見たようす

### 百円ショップで材料がそろう

LEDが10球つながっていて、乾電池ボックスもついたものが売られている。クリスマス前にならないと店に出ていないことがある。

①星座の図をＡ３に拡大コピーする。

②プラスチック段ボールにコピーした紙をのせて星の位置に千枚通しやドリルで穴をあける。

③裏からLEDを差し込んで、ビニルテープやホットボンドなどでとめる。

④白色や黄色のペンで、星と星をつなぐ線と星座の名前を書き込む。

※蓄光シールを青色画用紙に貼って光る星座を作ることもできる。

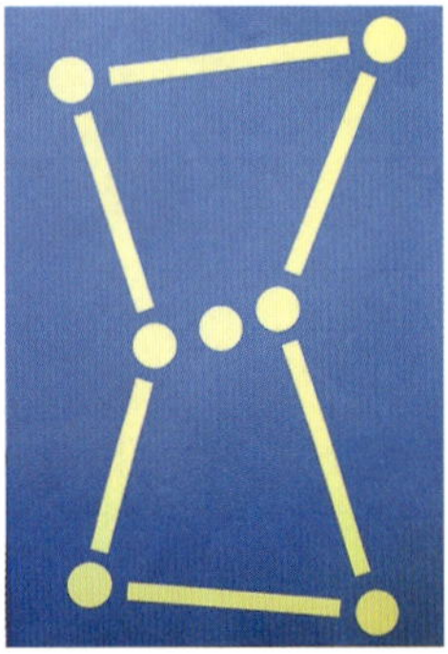

## 2　北の空と南の空の傘

①北の空

黒い傘の内側に、「カシオペア座」「北斗七星」を白色や黄色のペンで書く。

傘の中心が北極星になる。反時計回りに傘を回転させると、星の動きを再現できる。

②南の空

「さそり座」と「オリオン座」を書く。

北半球では南の空の中心が見えない。

そこで、傘の真ん中から下を机などで隠して使う。（写真右下）

南の空は、時計回りに回転させる。南の空は、季節によって見える星座が違うことがわかる。

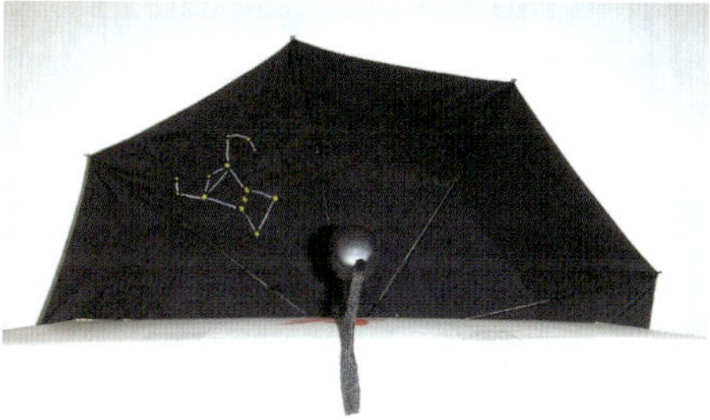

### +α 本や雑誌、ポスターを教室に

星や星座に関する本や雑誌を置いたり、ポスターを掲示したりする。星座にまつわる物語や星座占いの本なども置いておくと、興味をもつ児童が増える。

図書の先生にお願いして、理科室や教室に星座関係の本をしばらく置かせてもらうとよい。

（上木朋子）

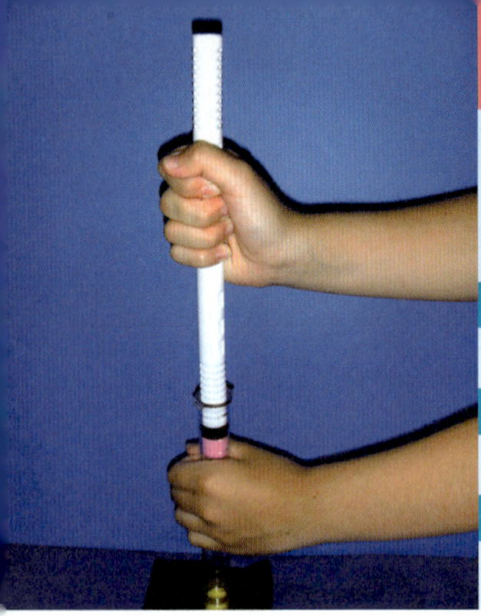

# 6　とじこめた空気と水

## とじこめた空気の性質を調べる

**ねらい**

とじこめた空気を押したときのようすを調べさせる。

**よくある失敗**

空気が圧し縮められていることに気づけない。

**コツ**

やわらかい容器と固い容器で実験する。

### 1　やわらかい容器に空気をとじこめる

空気を入れ物にとじこめて、押すとどうなるかを予想させ実験する。

**指示**　プラスチックの袋や容器に空気をとじこめます。
強く押すと、入れ物はどうなるか調べなさい。

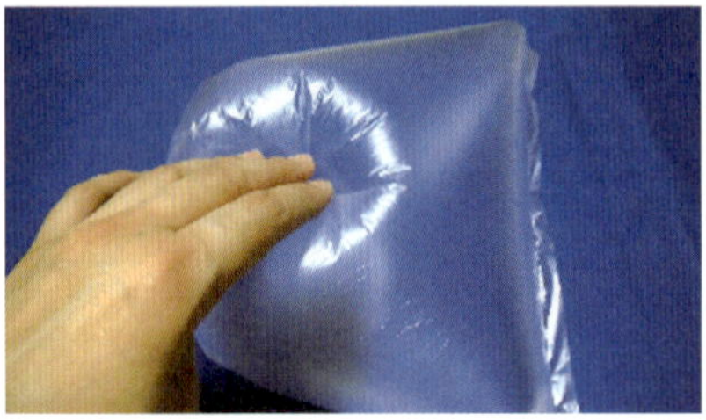

**児童の声**

- 入れ物の形が変わった。
- 空気が縮んだ。
- 圧された空気は別の所に動いた。
- 空気が漏れたかもしれない。

**「わからない」と気づかせる**

形が変わるやわらかい容器では、「空気が縮む」ことがわからない。「空気が縮む」ことを調べるにはどうしたらよいか考えさせ、次の実験につなげる。

## 2　固い容器に空気をとじこめる

> **指示**　空気でっぽうの筒の中の空気を押し棒で押します。空気はどうなるか調べなさい。

同様の実験をプラスチック注射器でも行う。

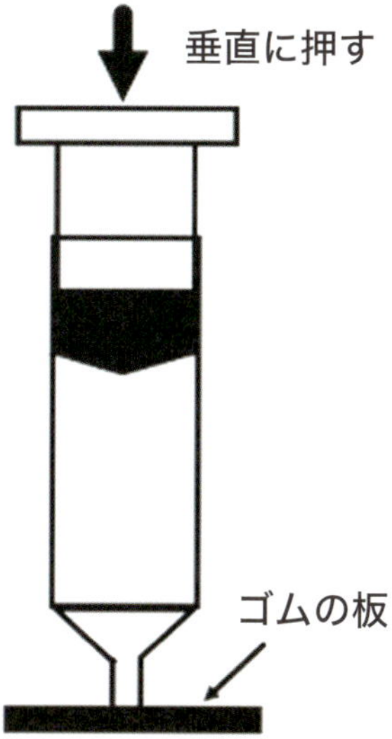


### 児童の声

- 押し棒やピストンを押すと、空気が縮んだ。
- 押せば押すほど、手応えが強くなった。
- 押したあと、手を離したら、元に戻った。

### 目に見えて「わかる」実験を行う

固くて変形しない筒や注射器を使うことで、空気が縮むことを体感させる。

空気でっぽうは、前玉が飛び出してしまうので、空気が縮むことがわかりづらい。まずは、垂直に空気を圧し縮める実験を行うとわかりやすい。

### 家から材料を持ちよる

「空気は縮むか」を調べる材料を、家で探して持って来させると、活動の幅が広がる。

左の写真は、プラスチックのコップにジャガイモでピッタリふたをして空気を閉じ込めて実験をしている。

さまざまな容器で試すことで、「空気が圧し縮められる」ことを調べるための条件が見えてくる。

（上木朋子）

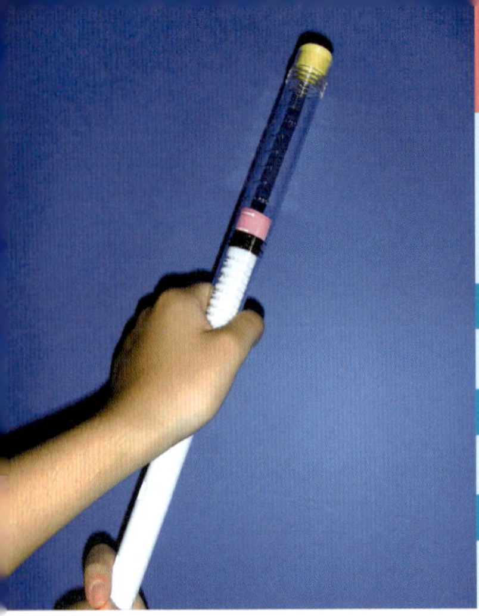

## 6　とじこめた空気と水

# 空気でっぽうで空気の性質を調べる

**ねらい**

圧し縮められた空気が玉を飛ばすことに気づかせる。

**よくある失敗**

後ろ玉が前玉を押すから玉が飛ぶと思ってしまう。

**コツ**

棒を押す力を変えて後ろ玉のようすを観察させる。

## 1　空気でっぽうの玉を遠くに飛ばす方法を見つける

**指示**　空気でっぽうで玉を遠くに飛ばすには、どうすればよいか調べます。押す力を変えて、後ろ玉のようすと前玉の飛び方を記録します。

### 児童の声

- 棒を強く押したら後ろ玉は半分よりも前まで行って、前玉は遠くに飛んだ。
- 棒を弱く押したら、後ろ玉は半分まで行かず、前玉はすぐ近くに落ちた。

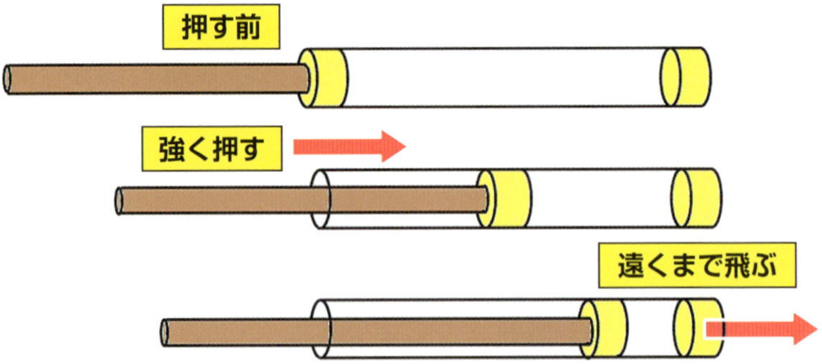


### 「記録する」作業で現象を正確にとらえさせる

後ろ玉のようすも記録させることで、後ろ玉が前玉を押したという勘違いを防ぐことができる。

## 2　玉の飛び方が違う理由を考える

発問　棒を押す力を変えると、玉の飛び方が違うのはなぜですか。
　　　空気を圧し縮める実験と比べて理由を考えます。

### 比較することで説明できる

　空気を圧し縮める実験と比較することで、圧し縮められた空気の力の違いに着目させることができる。

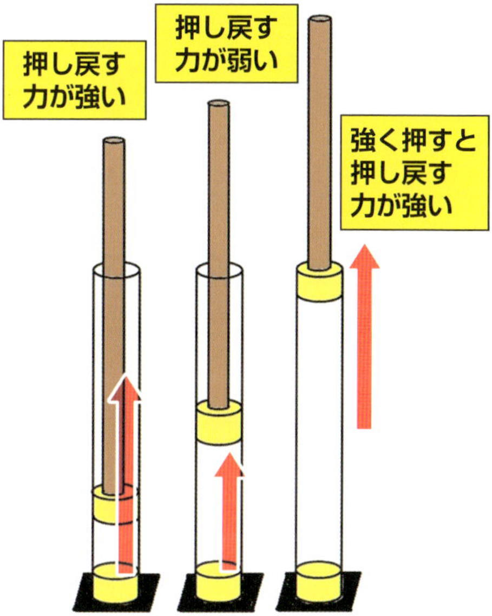


### 児童の声

- 筒の半分よりも下まで空気を圧し縮めると戻る力が強い。棒を強く押すと、押し戻す力も強くなる。
- 空気を圧し縮める実験で、空気を圧し縮めるほど棒を押す力を強くしないといけなかった。
- 空気でっぽうも、たくさん空気を圧し縮めた方が、前玉を押す力が強くなり遠くまで飛ぶ。

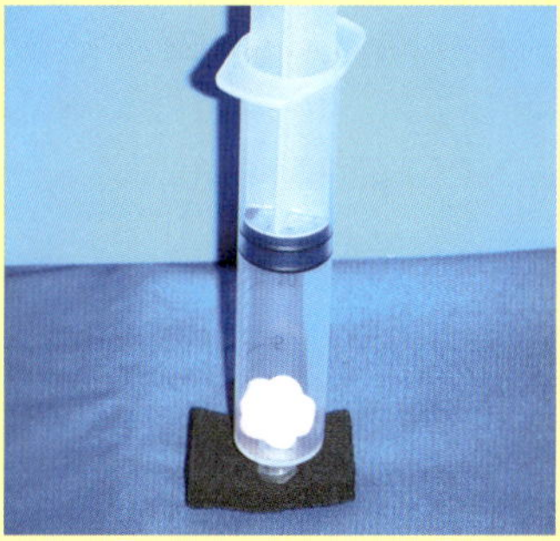

### 見えない空気のようすを可視化する

　筒の中に、小さなマシュマロを入れると、空気を圧し縮めた時に、一緒に小さくなる。
　筒の中に石けん水を入れて、ストローで吹いて泡立ててから圧し縮めてもよい。

（上木朋子）

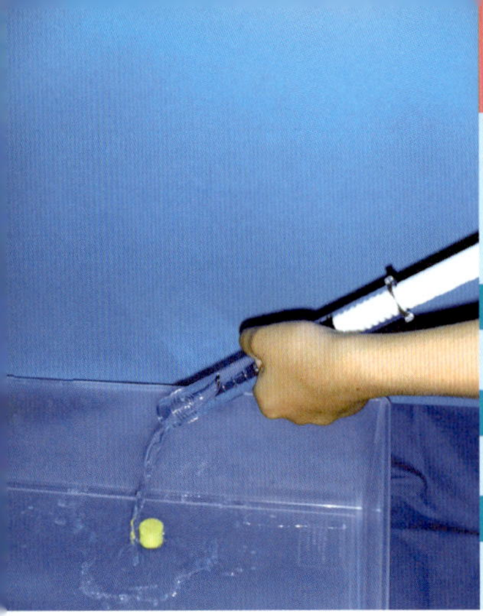

6 とじこめた空気と水

# 空気と水の性質を比較する

**ねらい**

水は圧し縮められないことを確かめさせる。

**よくある失敗**

水は圧し縮められない理由を説明できない。

**コツ**

粒子モデルで考えさせる。

## 1　水は圧し縮められるかを実験で確かめる

**指示**　水は圧し縮められるかを確かめる実験をします。どんな実験をするか、班ごとに計画と予想をノートに書きなさい。

### 児童の声

- 注射器に水を入れて押せばよい。
- 筒に水を入れて上から押せばよい。
- 空気でっぽうに水を入れて押せばよい。

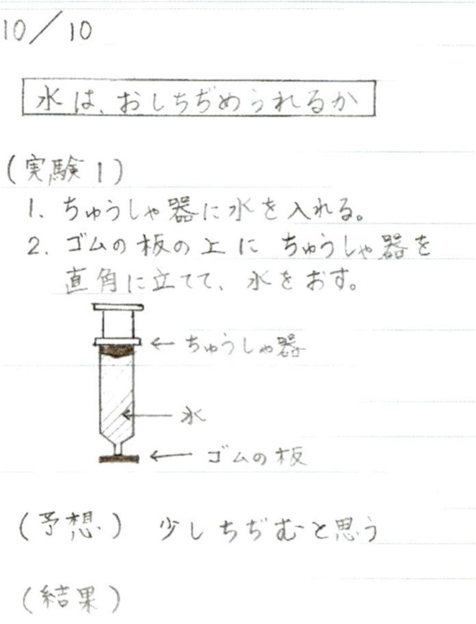
10／10

水は、おしちぢめられるか

（実験1）

1. ちゅうしゃ器に水を入れる。
2. ゴムの板の上にちゅうしゃ器を直角に立てて、水をおす。

←ちゅうしゃ器

←水

←ゴムの板

（予想）少しちぢむと思う

（結果）

### 経験を元に実験を計画させる

「空気は圧し縮められるか」を調べた実験を元に考えさせる。ノートに予想が書けた班から実験を行う。

制限時間を設けて、いろいろな実験をさせる。

## 2　粒子モデルで空気と水の違いを説明する

指示　空気と水を粒で表します。（粒の例を図に描いて説明する）
空気を圧し縮める前とあとのようすを絵で描きなさい。
水が圧し縮められないようすを絵で描きなさい。

### 児童の声

- 空気の粒は隙間があるので圧し縮められる。
- 水は隙間なく粒がつまっているので、圧し縮められない。
- 空気の粒は、押されると小さくなるので、圧し縮められる。

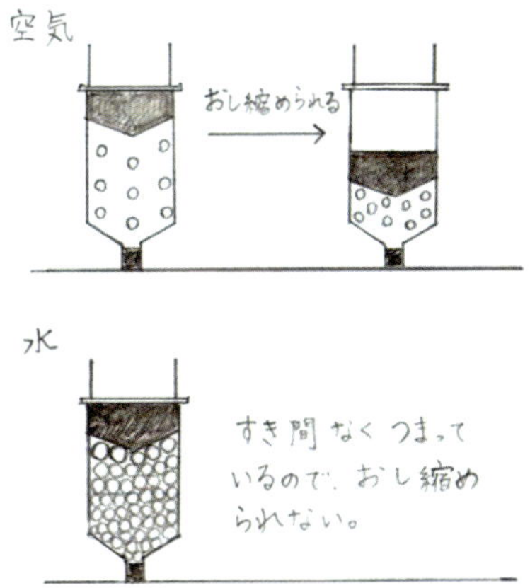


### 粒子の数に注意する

密閉された容器で実験を行っているので、粒の数は、圧し縮める前とあとで変わらない。

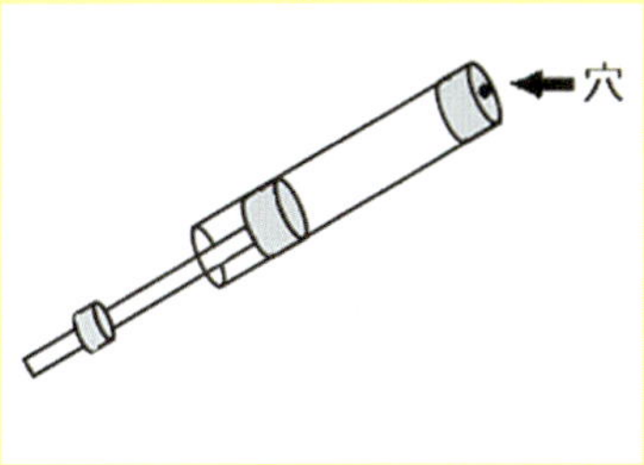


### 水でっぽうを作る

空気でっぽうの前玉を固定して、穴を空けると水でっぽうになる。水を飛ばして遊んだあと、水が飛ぶしくみを説明させると、水の性質の応用問題になる。

水と空気を半分ずつ入れて、下向きに押して水を飛ばす方法もある。

（上木朋子）

# 7　ものの温度と体積

## 空気を温めて調べる

### ねらい

温度による空気の体積の変化を調べさせる。

### よくある失敗

空気が膨らむことに興味がない。

### コツ

予想したあと、一人１本の試験管で実験させる。

## 1　予想を立てる

発問　空気を温めると、体積はどうなりますか。

ア　小さくなる

イ　大きくなる

ウ　変わらない

### 意見を書いて予想させる。理由を共有化する

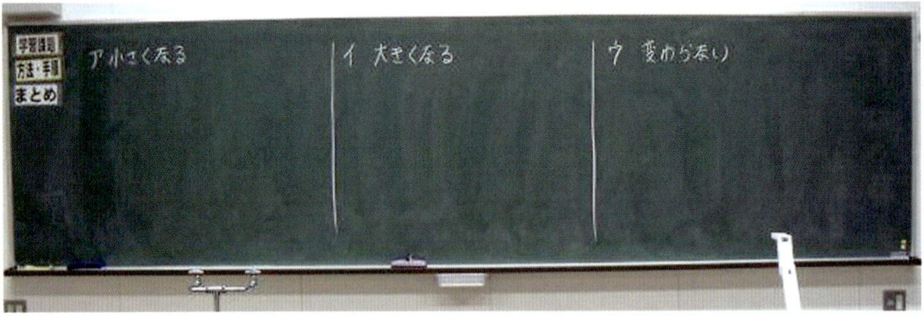


３つの中から、理由もつけてノートに予想を書かせる。黒板に３分割の縦線を引いておく。

書けた児童からノートを持って来させ、黒板に理由と名前を書かせる。

発表の前に、全員の予想を挙手で確認し、人数を書き込む。

反対意見、賛成意見を発表させ、話し合わせる。

## 2　実験で確かめる

### 試験管を一人１本持たせ興味を高める

一人１本、試験管を配る。ペトリ皿やプリンカップに入れた石けん水に試験管の口を入れて膜を作る。試験管が温まると、シャボン膜が膨らむ。

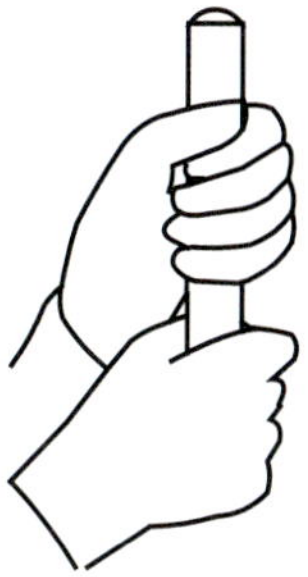

試験管をまず、片手で握る。次に両手で握る。温度の低いときと高いときの比較をさせる。結果を図や言葉でまとめさせる。シャボン膜が割れた場合、試験管が温まっていると、なかなか膨らまなくなる。新しい試験管に石けん水をつけるようにする。

## 3　お湯や水につけて確かめる

上記の実験の発展として、「手より温かければどうなるか」も続けて行う。

「60℃のお湯」と「10℃の水」をビーカーに入れて、実験させる。シャボン玉の変化を楽しみながら、一人一人が実験でき、温度と空気の体積の変化についての興味を高めることができる。

### ＋α　丸底フラスコの空気を温める

丸底フラスコに穴あきゴム栓を用意する。50cmほどのガラス管の下の口を水で濡らし、水の膜を作りゴム栓に差し込む。手で丸底フラスコを温めると、水面が上がる。

（ゴム栓にガラス管を通す際は、ガラス管の差す部分を水でぬらし、ガラス管のゴム栓に近いところをもって回転させながらゆっくりと押し込む）

（間英法）

7 ものの温度と体積

# 実験用ガスコンロを使う

**ねらい**

実験用ガスコンロを正しく使えるようにする。

**よくある失敗**

ボンベがしっかり取り付けられず、火がつかない。

**コツ**

基本操作の実技検定を行い、習熟させる。

## 1　ボンベのセット

実験用ガスコンロを使うときは、ボンベがきちんとセットできているかを確認する。最終チェックは、教師が確認する。

### 切りこみに合わせてボンベをセットする

①実験用ガスコンロを平らなところに静かに置く。
周りに燃えやすいものを置かない。
②ガスボンベの切りこみにコンロの突起をあわせ、ガスボンベをセットする。
③カチッと音がするまで押す。

切りこみを見つける

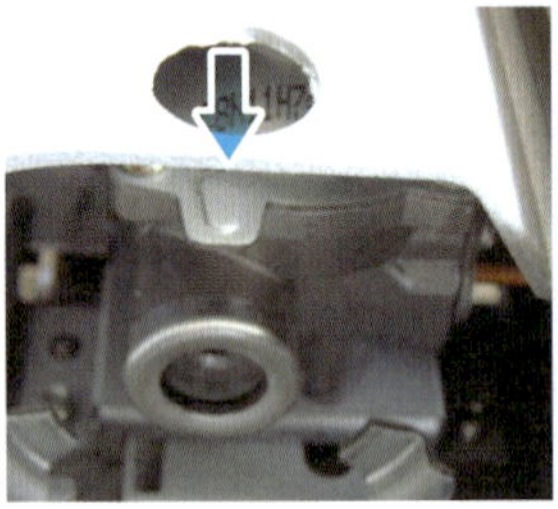

コンロの突起を見つける

切りこみとあわせ押す

## 2　点火と消火の手順

①つまみを点火のところまでゆっくりと回し火をつける。
火がついているときは、コンロを持ち上げない。

### ゆっくり回すとガスが点火部分まで行き届き、確実につく

②つまみを消火のところまで回して火を消す。

③ボンベを取りはずす。

※ボンベをはずしてもコンロ内部の管にガスが残っている。点火するとしばらく燃える。

寒いときは、ボンベを振ってからつけると火がつきやすくなる。実験中は必ず換気する。つまみの所にボンベをはずすという表示があるものもある。（右図）

火を消した直後は、まだ熱いのでしばらくさわらない。このことを「冷めるまでが実験」という合言葉を使い、最後まで気を抜かないように指導する。

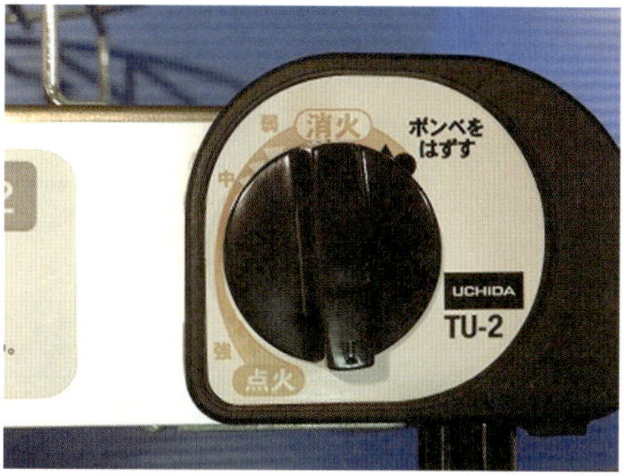

ボンベをはずす

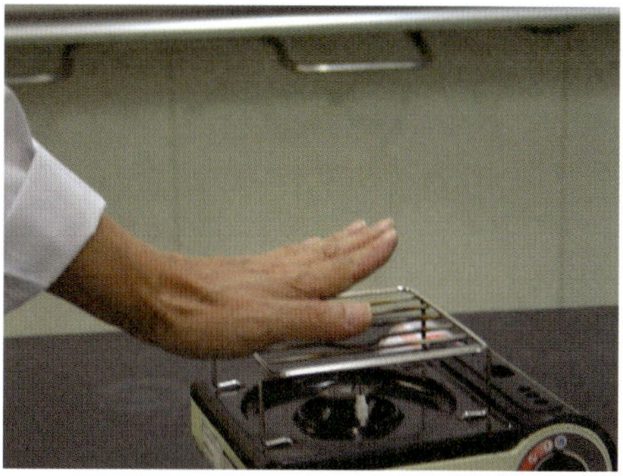
冷めてから持ち運ぶ

## 実技を検定する

習熟のために、班で手順ができているのかを互いに見合って検定を行う。互いに検定し合うことで操作が確実になる。

【参考サイト】TOSSランド　№3534335「ガスコンロの使い方」

## 実験用ガスコンロの事故

理科室で、４年生の児童が実験用ガスコンロを使い実験していたところ、ガスが漏れた。約半数の児童がおう吐や気分が悪いと訴え病院に運ばれた。ボンベの装着に手間取り、何らかの理由でガスが漏れたため、事故が起こった。ボンベの装着の確認を教師が行うことが大切である。

（関澤陽子）

## 7　ものの温度と体積

# マッチを使う

### ねらい

マッチの使い方を習得させる。

### よくある失敗

こわがってマッチを使えない児童がいる。

### コツ

安全な持ち方や扱い方の指導で安心させる。

## 1　「火の用心４か条」の指導

日常生活でマッチを扱う機会が減っている。そのため、マッチを使えない児童が多い。はじめに、火を使う実験全般の心構えを指導する。

### 「火の用心４か条」に対する理由を考えさせる

指示　火の用心４か条を覚えなさい。

「火の用心４か条」

①いすは中、全員立って実験する。

②もえさし入れ、ぬれぞうきんを用意する。

③机の上に燃えやすいものを置かない。

④事故が起きてもあわてない、さわがない。

理由を教師が説明するより、児童に考えさせ発表させる方が身につく。以下の①～④が、「火の用心４か条」に対する理由である。

### 児童の声

①座っているとすぐ逃げられない。いすが出ているとじゃまになる。

②火がついた時に、ぬれぞうきんで消せる。

③周りに火が燃え移らないようにする。

④あわててさわぐと事故が大きくなり、先生の声が聞こえなくなる。

## 2　火をつけ、大きさを変える

マッチの持ち方を指導する。箱の中で、火薬のついたマッチの頭が手前に来るように箱を持つ。３本の指でマッチをしっかり持ってすり、火をつける練習をする。火がつけられるようになったら、炎の大きさを変えられるようにする。次のように問う。

**発問**　どうすると、炎が大きくなるだろうか。

マッチの頭を下に向けると炎が大きくなり、上に向けると小さくなる。マッチの持ち方で、炎の大きさをコントロールできるようになる。

火は吹き消さずにもえさし入れの水につけて消す。

最後に、互いにできているかを検定形式で見合うことで習熟できる。

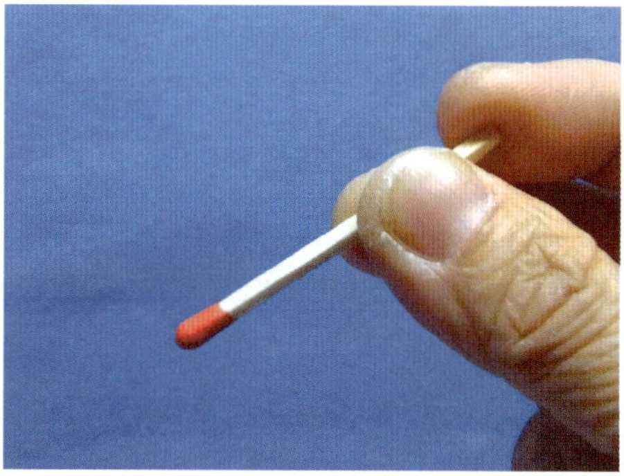

マッチの持ち方

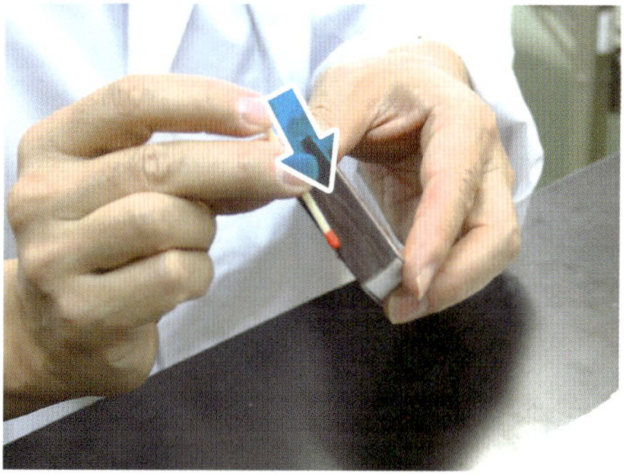

マッチのすり方

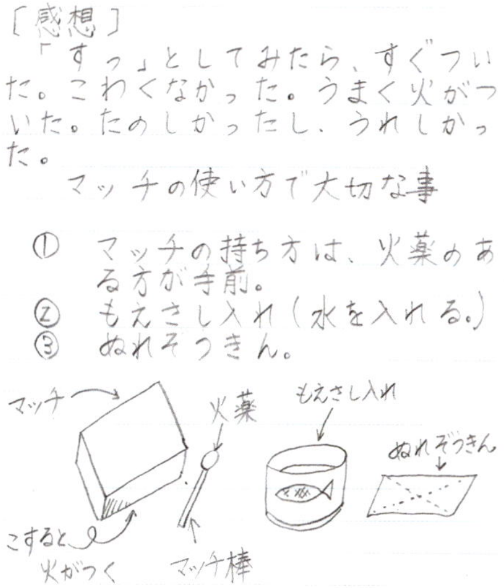


ノートの例

【参考サイト】TOSSランドNo.7865154「マッチの使い方」

（関澤陽子）

# 8　水のすがたとゆくえ

# 沸騰した時の泡の正体を調べる

### ねらい

水蒸気は冷やされると水になることに気づかせる。

### よくある失敗

沸騰した時の泡は、「空気である」と間違える。

### コツ

泡を冷やしたりして集め、水と確認させる。

## 1　水が沸騰した時に出てくる水蒸気をスプーンで冷やす

**発問**　水が沸騰した時に出てくる泡は何ですか。

「空気」「酸素」「二酸化炭素」などの意見が出る。水蒸気でなく空気だと思っている児童が多い。

沸騰している水から出てくる水蒸気をスプーンに当てる。

写真1

【用意するもの】

ビーカー、沸騰石、実験用ガスコンロ、金網、アルミニウム箔、スプーン

【方法】

①ビーカーに水と沸騰石を入れ、アルミニウム箔でおおいをする。アルミニウム箔の真ん中には、 直径約1cmの穴を開けておく（写真1）。

②実験用ガスコンロで加熱する。アルミホイルの穴の上に、スプーンをかざし水滴ができるようすを観察する（写真2）。

写真2

スプーンには、だんだんと、水滴がついてくる。出てくる泡は、水が変化したものであるとわかる。

## 2　水が沸騰した時に出てくる泡をポリ袋に集める

ポリ袋とろうとを使う（写真３）。ビーカーの中に逆さにしたろうとを入れ、底から出てくる泡をポリ袋に集めて観察する（写真４、５）。

袋がふくらむが、火を止めるとしぼんで内側に水滴がつく。

写真３

写真４

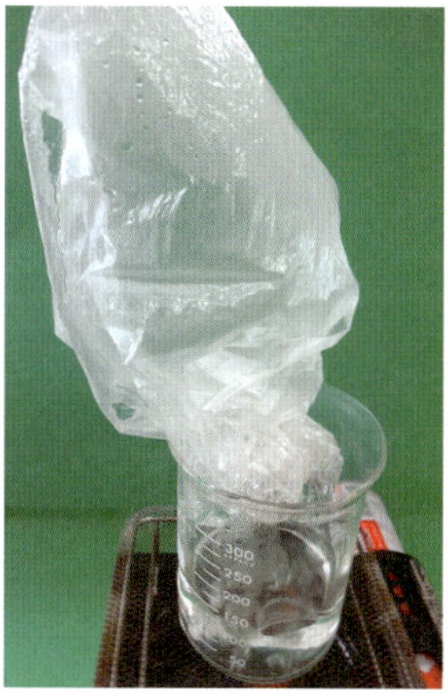

写真５

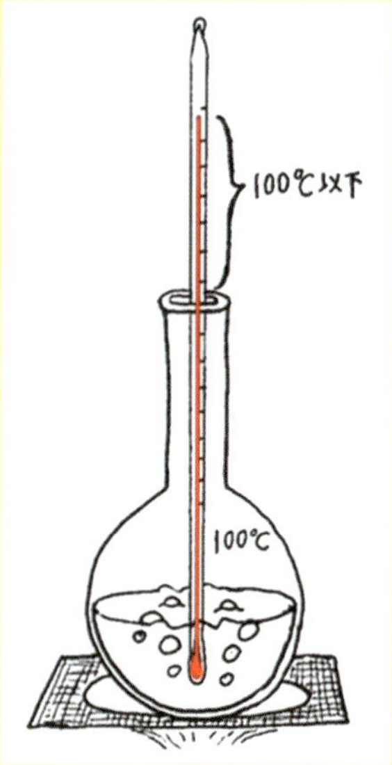


### 水が沸騰しても100℃にならない原因

棒温度計のフラスコの口から出ている部分は、100℃以下なので、冷やされて低めになる。

ビーカーで実験するとこの影響が大きい。

丸底フラスコと短い棒温度計を使い、激しく沸騰させると蒸気で温度計全体が熱くなるので、誤差が小さくなる。

デジタル温度計は、先端のセンサー部だけで測定するので、誤差が小さい。

（中野慎也）

8 水のすがたとゆくえ

# 水から氷への体積変化

**ねらい**

水が氷になるときの体積変化を調べさせる。

**よくある失敗**

授業時間内でうまく凍らない。

**コツ**

細い試験管、氷を細かく砕く、塩の量の工夫。

## 1　凍らせる水を少なくする

### 試験管を細くする

試験管が太く、水の量が多いと凍るのに時間がかかる。直径15mmの細い試験管を使う。

水は約4cm入れる（写真左）。水を入れた所に黒いビニルテープを貼って印をつける。

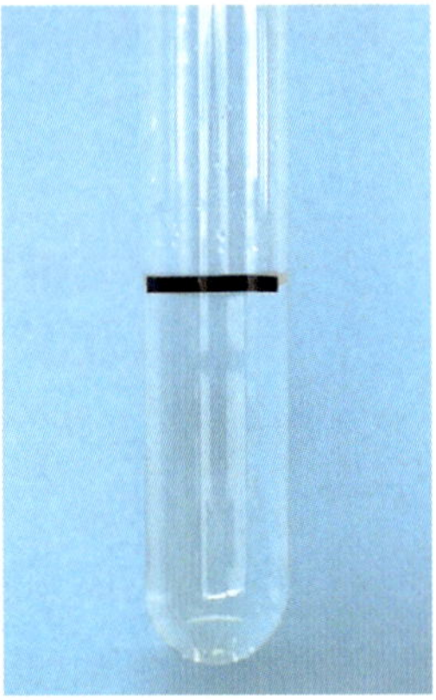

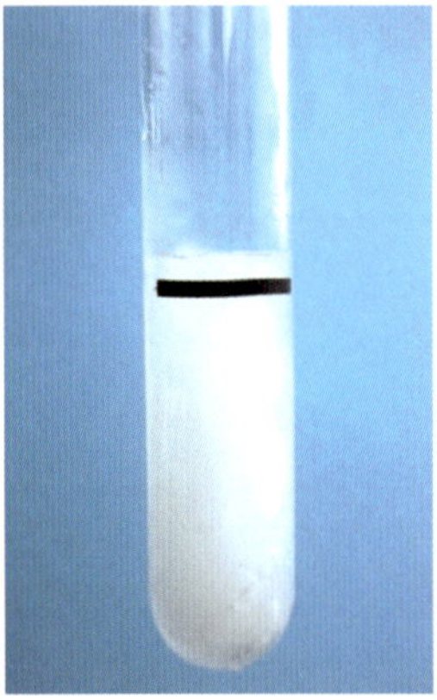

## 2　寒剤づくり

洗面器などの大きな容器で氷と食塩でよく混ぜて寒剤を作ってからビーカーに分けて配ると効率がよい。

【用意するもの】

直径15mmの試験管、氷、しゃもじ、食塩（氷の重さの1／3）、氷と食塩をかき混ぜる容器、お玉、温度計、ビーカー（300mL）、木づち、袋、タオル

## 氷を細かくする

製氷皿で作った氷を、ポリエチレンの袋（レジ袋）に入れ、タオルで巻き、コンクリートの上で木づちでたたいて細かくする。細かいほどよい。

また、氷を砕く「アイスクラッシャー」という商品がある。木づちを使わないので、安全に氷の準備ができる。

## 氷と食塩の割合を３：１に

氷の重さの約１／３の食塩を加える。混ぜる時は、しゃもじがよい。-15℃以下になるので、素手では触らない。お玉などでビーカーに入れる。

①

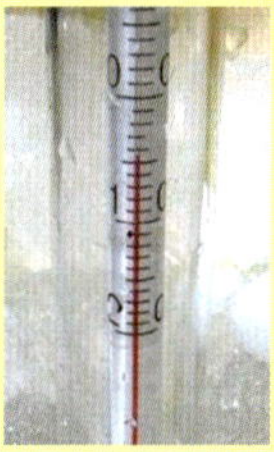

②

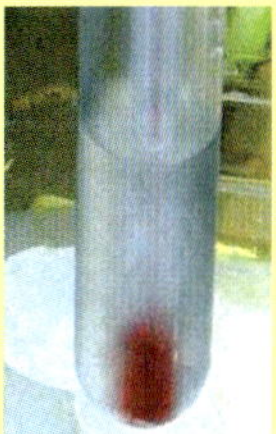

③

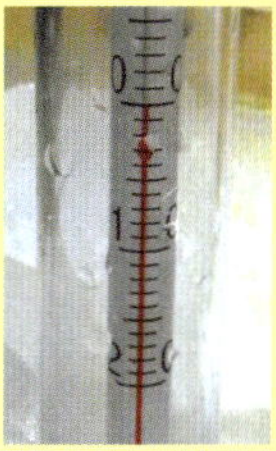

### ＋α 過冷却現象

①０℃以下でも水が凍らないことがある。これを、過冷却という。

②試験管を揺らしたり、物理的な刺激を与えると凍り始める。

③水が氷になる間は０℃になる。

【参考サイト】TOSS ランド No.1598085「寒剤を使ってこおらせよう」

（間 英法、関澤陽子）

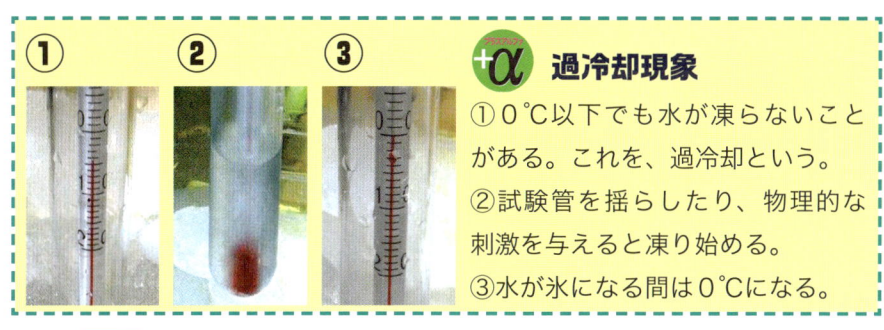

# 空気中から出てくる水

**ねらい**

冷やされると空気中の水蒸気が水になることを理解させる。

**よくある失敗**

結露の水がどこから出たか確かめられない。

**コツ**

水に色をつけて実験する。

## 1　ビーカーの外側についた水滴

> 発問　ビーカーに冷たい水を入れたら、（ビーカーの外側は）どうなりますか。

生活経験や教科書の写真から、「水滴がつく」と答える児童が多い。
湿度が高い日に実験すると、水滴がつくようすを短時間で確認できる。

> 発問　この水滴は、どこから来たのでしょう。ビーカーの中の水がしみ出たものですか。

知識として知っていて「空気中の水分がついた」と答える児童がいるが、「中の水がしみ出した」という仮説に反証を示す実験方法はすぐに出ない。

### そうではないということを示す実験方法を考えさせる

実験方法とどういう結果が出ると反証になるかを児童に考えさせる。思考力を鍛えることができる。

## 2　中に色水を入れる

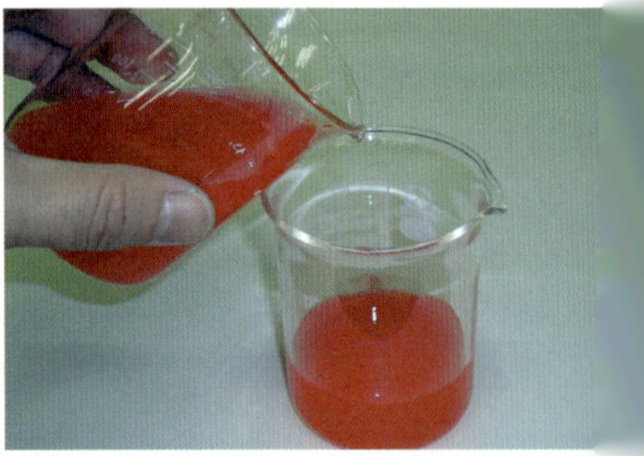

「色水を入れて実験し、外に色水が出れば、中の水がしみ出たことになる。色がつかなければそうではない」という意見が出る。実験

で確かめる。

外側についた水滴をティッシュペーパーで拭き取る。水滴は無色であることから、ビーカーの中の水でないことを確かめることができる。

## 3　中の水の量を調べる

「水の量が変化しないことを確かめる」という方法がある。

ビーカーに冷たい水を入れ、水面に印をつけて置いておく。外側に水滴がたっぷりついてから、水面が変化しているか確かめる。

中の水が減っていないことから、水滴はビーカーから出た水でないことがわかる。

重さをはかって確かめることもできる。

## 4　空の容器を冷やす

容器だけを冷蔵庫で冷やしておき、外に出すと外側に水滴が付く。金属製の容器だと観察しやすい。

中に水がなくても外側に水滴がつくことから、水滴は空気中の水蒸気が液化してできたことがわかる。

### +α　生活の中の結露探し

お風呂場の窓や天井、冬のガラス窓など、日常生活で、空気中の水蒸気が結露する場面をたくさん探させるとよい。理科で学んだことを、生活と関連させることができる。

（中野慎也）

# 9　ものの温まり方

## 金属の温まり方を調べる

**ねらい**

熱した所から順に温まることをとらえさせる。

**よくある失敗**

熱の伝わるようすがわからない。

**コツ**

温度で変色する示温テープや示温インクを使う。

### 1　示温テープを使って金属の温まり方を調べる

金属板にろうを塗り、金属の温まり方を調べる実験があるが、ろうの溶けるようすが見えにくい。示温テープを使うと色の変化でわかりやすくなる。

**発問**　金属板を熱すると、どのように熱が伝わっていくのだろうか。

金属板の温まり方をノートに図を描いて予想させる。ノートを持って来させ、黒板に予想を書き発表させる。互いの意見を交流してから実験する。主に、以下のような意見が出される。

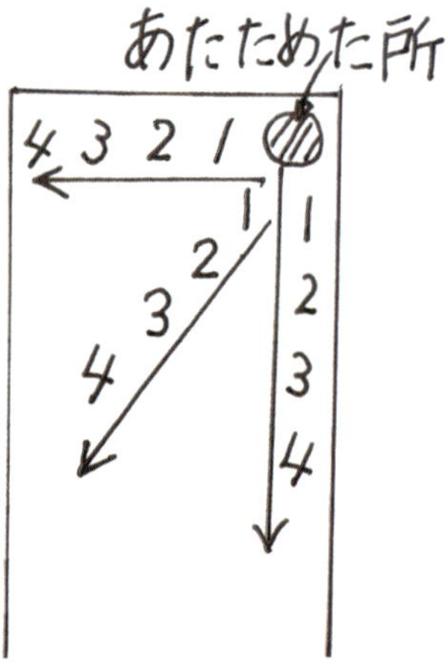


予想例①

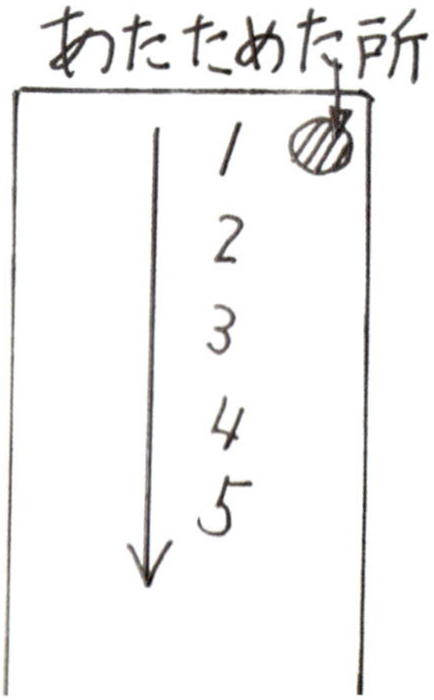


予想例②

### 示温テープを金属板の所々に貼りつけて調べる

金属板に切り取った示温テープ（約 2 cm × 2 cm）を貼る。写真下のように加熱する所を除いて貼るようにする。色の変化により、加熱した部分から順に温まるようすがよくわかる。

加熱前

加熱後

## 2　示温インクを使って金属の温まり方を調べる

示温インクの原液に同量の台所用液体洗剤を加えると、はけで金属板に塗ってもはじかれない。

### 洗剤でうすめた示温インクを金属板に塗って調べる

示温テープでは、わからなかった部分の温まり方も見え、熱が放射状に伝わるようすを見ることができる。

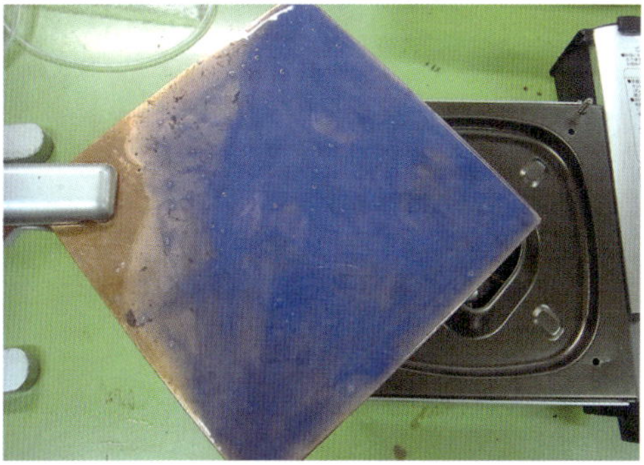

加熱前

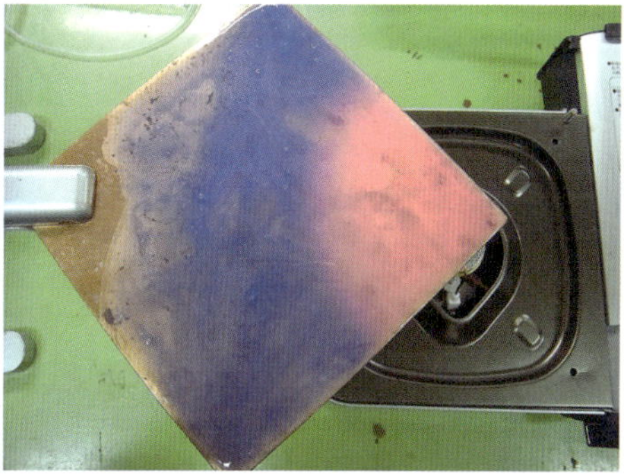

加熱後

（関澤陽子）

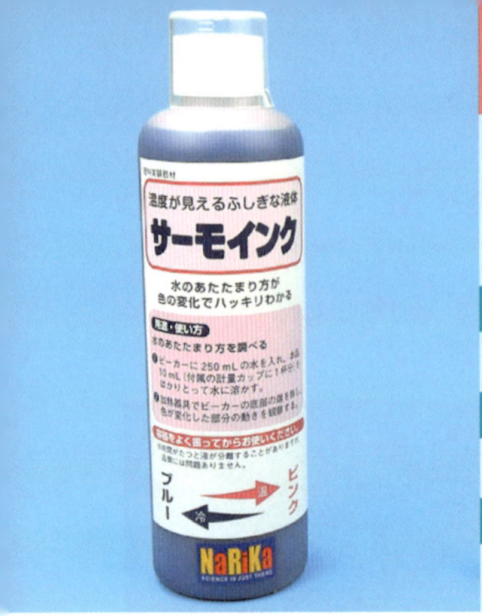


# 9 ものの温まり方

## 水の温まり方を調べる

### ねらい

水は対流により温まることをとらえさせる。

### よくある失敗

水の動きがよく見えない。

### コツ

温度で色が変わる示温インクを使う。

## 1　試験管の水の温まり方を調べる

薄めた示温インクを入れた試験管を見せる。

**発問**　試験管の中ほどを熱するとどのように温まっていくのだろうか。

示温インクは、約 40℃で青色からピンク色に変わることを説明する。

予想を書かせ発表させてから実験する。原液の 25 倍の水で薄めて使う。

### 中ほどを弱火で加熱する

色が変わり始めたら火を止める。加熱したところより上の部分が温かくなっている。放射温度計を近づけて、場所による温度の違いを確かめることもできる。

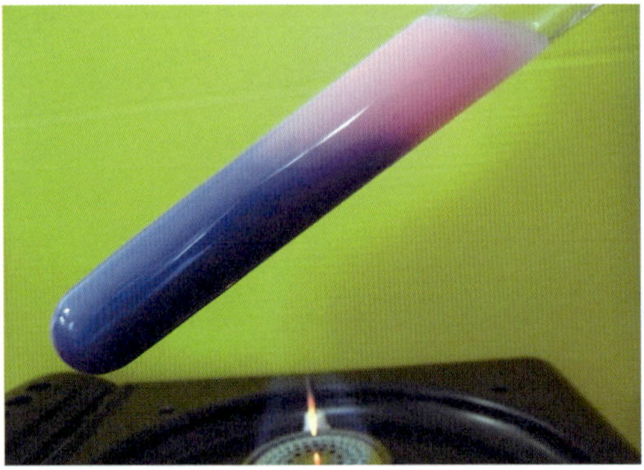
熱した所より上から温まる

下方はなかなか温まらない

## 2　ビーカーで水の動きを調べる

**発問**　ビーカーに入った水を熱するとどのように温まっていくのだろうか。

### 端を弱火で加熱する

温められた水の動きを調べるためにピンク色になった水の動きに注目させる。

ビーカーの端を熱する

温められた水が上へあがる

示温インクは、置いておくと青色の成分が沈殿してしまう。実験の前に、よく振って使う。

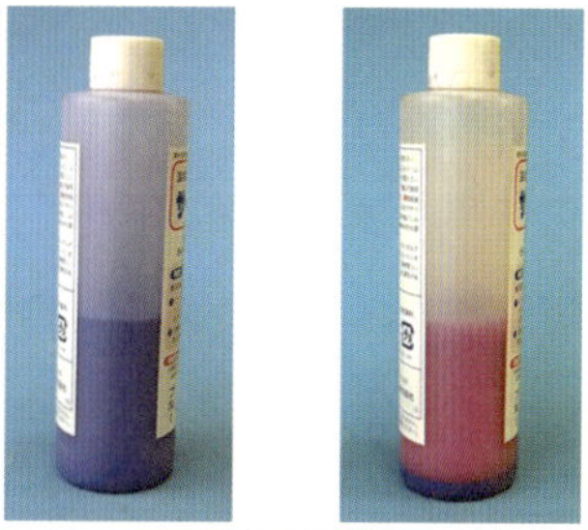
沈殿すると

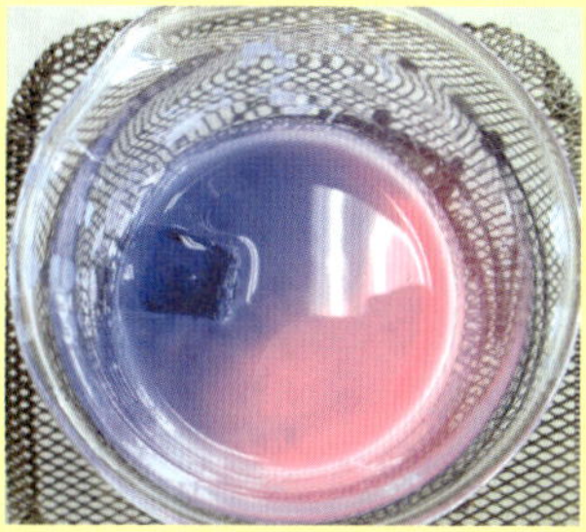

### 氷を入れる

上の実験終了後、すべてピンクに変わった状態で、「中に氷を入れるとどう変わるか」発問する。

氷を入れるとすぐに周囲の水が青くなり、冷えた水の動きが見える。

（関澤陽子）

◎**執筆者一覧**

〈３・４年生編〉

| | |
|---|---|
| 上木朋子 | 福井県公立小学校 |
| 岡本雄太郎 | 埼玉県公立中学校 |
| 永井貴憲 | 岡山県公立小学校 |
| 山田　淳 | 新潟県公立小学校 |
| 尾川智子 | 福井県公立小学校 |
| 森泉真理 | 群馬県公立小学校 |
| 蔭西　孝 | 大阪府公立小学校 |
| 太田　泰 | 東京都公立中学校 |
| 関澤陽子 | 群馬県公立小学校 |
| 前川　淳 | 兵庫県公立小学校 |
| 間　英法 | 新潟県公立中学校 |
| 中野慎也 | 三重県公立小学校 |

〈５年生編〉

| | |
|---|---|
| 岡本雄太郎 | 埼玉県公立中学校 |
| 長田修一 | 北海道公立小学校 |
| パクフンミン | 京都府私立中高等学校 |
| 井川裕子 | 広島県公立小学校 |
| 岡本　純 | 岡山県公立小学校 |
| 森泉真理 | 群馬県公立小学校 |
| 辻井公一郎 | 岐阜県公立小学校 |
| 塩沢博之 | 栃木県公立小学校 |
| 山内英嗣 | 愛知県公立小学校 |
| 西田克裕 | 新潟県公立小学校 |
| 山本芳幸 | 岡山県公立中学校 |
| 大堀　真 | 福島県公立小学校 |
| 関澤陽子 | 群馬県公立小学校 |
| 下地宏昌 | 東京都公立小学校 |
| 五十木啓 | 群馬県公立小学校 |
| 小森栄治 | 日本理科教育支援センター |

〈６年生編〉

| | |
|---|---|
| 井川裕子 | 広島県公立小学校 |
| 迫田一弘 | 広島県公立小学校 |
| 森泉真理 | 群馬県公立小学校 |
| 関澤陽子 | 群馬県公立小学校 |
| 山田　淳 | 新潟県公立小学校 |
| 磯部智義 | 三重県公立小学校 |
| 岡本雄太郎 | 埼玉県公立中学校 |
| 髙木順一 | 東京都公立小学校 |
| 上木朋子 | 福井県公立小学校 |
| 野中大輔 | 埼玉県公立中学校 |
| 小森栄治 | 日本理科教育支援センター |

◎**協力**

| | |
|---|---|
| 石崎綾子 | 三重県公立小学校 |
| 善能寺正美 | 長崎県公立小学校 |
| 東恩納巧 | 沖縄県公立小学校 |
| 鈴木勝浩 | 埼玉県公立中学校 |
| 新牧賢三郎 | 東京都公立小学校 |
| 荒川拓之 | 栃木県公立中学校 |
| 石川公康 | 新潟県公立中学校 |
| 冨田　茂 | 大阪府公立中学校 |
| 神原優一 | 岡山県公立中学校 |
| 久保木淳士 | 広島県公立中学校 |
| 篠崎孝一 | 群馬県公立小学校 |
| 吉原尚寛 | 千葉県公立中学校 |
| 伊藤拓也 | 千葉県公立中学校 |
| 岡部　仁 | 長野県公立中学校 |
| 多久和広達 | 島根県公立小学校 |
| 小松和重 | 千葉県公立小学校 |

◎**画像提供**（執筆者を除く）

石山弘子／千葉雄二／冨山一美／船本成克／松本春佳／佐野　薫／高野久昭／後藤和久／小森寛枝／佐藤道拓／佐藤輝美／望月　健／橘　友代／近藤菜穂美／奈良部芙由子／千葉康弘／小出雅文
ナリカ／気象庁／科学技術振興機構 理科ねっとわーく／JAXA ／ NASA ／神戸市教育委員会／宮城教育大学／東京都水道局／正進社／NHK for school ／広島県砂防課／TOSS ランド／仙台市科学館／カシオ／海上保安庁／最新環境教育研究会

TOSS ランド　http://www.tos-land.net
〈お問合せ〉TOSS ランド事務局
〒 142-0064 東京都品川区旗の台 2-4-12 TOSS ビル　TEL. 03-5702-4450

◎監修者紹介

**向山 洋一**（むこうやま よういち）

東京都生まれ。1968年東京学芸大学卒業後、東京都大田区立小学校の教師となり、2000年3月に退職。全国の優れた教育技術を集め、教師の共有財産にする「教育技術法則化運動」TOSS（トス：Teacher's Organization of Skill Sharingの略）を始め、現在もその代表を務め、日本の教育界に多大な影響を与えている。日本教育技術学会会長。

◎編集者紹介

**小森 栄治**（こもり えいじ）

埼玉県生まれ。1980年東京大学工学系大学院・修士課程修了。28年間、埼玉県内の公立中学校に勤務。2008年理科教育コンサルタント業を開始。理科の楽しさを全国に伝えている。1989年、2003年ソニー賞最優秀校を受賞。2007年第1回文部科学大臣表彰。

**新法則化《しんほうそくか》シリーズ**

**「理科《りか》」授業《じゅぎょう》の新法則《しんほうそく》　3・4年生編《ねんせいへん》**

2015年5月15日　初版発行
2016年9月30日　第2版発行
2018年5月1日　第3版発行
2021年6月5日　第4版発行

企画・総監修　向山洋一
編集・執筆　TOSS「理科」授業の新法則 編集・執筆委員会
（代表）小森栄治
企画推進コーディネイト　松崎 力
発行者　小島直人

発行所　株式会社 学芸みらい社
〒162-0833 東京都新宿区箪笥町31番 箪笥町SKビル
電話番号 03-5227-1266
http://www.gakugeimirai.jp/
E-mail：info@gakugeimirai.jp
印刷所・製本所　藤原印刷株式会社
ブックデザイン　荒木香樹
カバーイラスト　水川勝利


ISBN978-4-905374-64-0 C3037

# 授業の新法則化シリーズ（全リスト）

| 書名 | ISBNコード | 本体価格 |
| --- | --- | --- |
| 「国語」　～基礎基本編～ | 978-4-905374-47-3 C3037 | 1,600円 |
| 「国語」　～1 年生編～ | 978-4-905374-48-0 C3037 | 1,600円 |
| 「国語」　～2 年生編～ | 978-4-905374-49-7 C3037 | 1,600円 |
| 「国語」　～3 年生編～ | 978-4-905374-50-3 C3037 | 1,600円 |
| 「国語」　～4 年生編～ | 978-4-905374-51-0 C3037 | 1,600円 |
| 「国語」　～5 年生編～ | 978-4-905374-52-7 C3037 | 1,600円 |
| 「国語」　～6 年生編～ | 978-4-905374-53-4 C3037 | 1,600円 |
| 「算数」　～1 年生編～ | 978-4-905374-54-1 C3037 | 1,600円 |
| 「算数」　～2 年生編～ | 978-4-905374-55-8 C3037 | 1,600円 |
| 「算数」　～3 年生編～ | 978-4-905374-56-5 C3037 | 1,600円 |
| 「算数」　～4 年生編～ | 978-4-905374-57-2 C3037 | 1,600円 |
| 「算数」　～5 年生編～ | 978-4-905374-58-9 C3037 | 1,600円 |
| 「算数」　～6 年生編～ | 978-4-905374-59-6 C3037 | 1,600円 |
| 「理科」　～3・4年生編～ | 978-4-905374-64-0 C3037 | 2,200円 |
| 「理科」　～5年生編～ | 978-4-905374-65-7 C3037 | 2,200円 |
| 「理科」　～6年生編～ | 978-4-905374-66-4 C3037 | 2,200円 |
| 「社会」　～3・4年生編～ | 978-4-905374-68-8 C3037 | 1,600円 |
| 「社会」　～5年生編～ | 978-4-905374-69-5 C3037 | 1,600円 |
| 「社会」　～6年生編～ | 978-4-905374-70-1 C3037 | 1,600円 |
| 「図画美術」　～基礎基本編～ | 978-4-905374-60-2 C3037 | 2,200円 |
| 「図画美術」　～題材編～ | 978-4-905374-61-9 C3037 | 2,200円 |
| 「体育」　～基礎基本編～ | 978-4-905374-71-8 C3037 | 1,600円 |
| 「体育」　～低学年編～ | 978-4-905374-72-5 C3037 | 1,600円 |
| 「体育」　～中学年編～ | 978-4-905374-73-2 C3037 | 1,600円 |
| 「体育」　～高学年編～ | 978-4-905374-74-9 C3037 | 1,600円 |
| 「音楽」 | 978-4-905374-67-1 C3037 | 1,600円 |
| 「道徳」 | 978-4-905374-62-6 C3037 | 1,600円 |
| 「外国語活動」（英語） | 978-4-905374-63-3 C3037 | 2,500円 |

学芸を未来に伝える
学芸みらい社
GAKUGEI MIRAISHA

株式会社 学芸みらい社
〒162-0833 東京都新宿区箪笥町31 箪笥町SKビル
TEL 03-5227-1266　FAX 03-5227-1267
http://www.gakugeimirai.jp/
e-mail info@gakugeimirai.jp